貓頭鷹書房

有些書套著嚴肅的學術外衣，但內容平易近人，非常好讀；有些書討論近乎冷僻的主題，其實意蘊深遠，充滿閱讀的樂趣；還有些書大家時時掛在嘴邊，但我們卻從未看過……

如果沒有人推薦、提醒、出版，這些散發著智慧光芒的傑作，就會在我們的生命中錯失——因此我們有了**貓頭鷹書房**，作為這些書安身立命的家，也作為我們智性活動的主題樂園。

貓頭鷹書房——智者在此垂釣

貓頭鷹書房5

兩種文化

從科學人文的分道揚鑣到跨領域知識的倡議，史諾重新思索人類知識本質（60年經典再現版）

The Two Cultures

史諾◎著

林志成、劉藍玉◎譯

貓頭鷹

貓頭鷹書房 5

兩種文化：從科學人文的分道揚鑣到跨領域知識的倡議，
史諾重新思索人類知識本質（60 年經典再現版）

作　　者　史諾
譯　　者　林志成、劉藍玉
執行編輯　徐慶雯（一版）、張瑞芳（二版）
校　　對　林昌榮、張瑞芳
版面構成　張靜怡
封面設計　楊啓巽

行銷業務　鄭詠文、陳昱甄
總 編 輯　謝宜英
出 版 者　貓頭鷹出版

發 行 人　凃玉雲
發　　行　英屬蓋曼群島商家庭傳媒股份有限公司城邦分公司
　　　　　104 台北市中山區民生東路二段 141 號 11 樓
　　　　　劃撥帳號：19863813；戶名：書虫股份有限公司
城邦讀書花園：www.cite.com.tw　購書服務信箱：service@readingclub.com.tw
購書服務專線：02-2500-7718~9（周一至周五上午 09:30-12:00；下午 13:30-17:00）
24 小時傳真專線：02-2500-1990；25001991
香港發行所　城邦（香港）出版集團／電話：852-2508-6231 ／傳真：852-2578-9337
馬新發行所　城邦（馬新）出版集團／電話：603-9057-8822 ／傳真：603-9057-6622
印 製 廠　中原造像股份有限公司
初　　版　2000 年 5 月
二　　版　2020 年 2 月
定　　價　新台幣 350 元／港幣 117 元
I S B N　978-986-262-413-5

讀者意見信箱　owl@cph.com.tw
投稿信箱　owl.book@gmail.com
貓頭鷹知識網　www.owls.tw
貓頭鷹臉書　facebook.com/owlpublishing

國家圖書館出版品預行編目資料

兩種文化／史諾著；林志成，劉藍玉譯．
-- 二版．-- 臺北市：貓頭鷹出版：家庭傳媒城邦分公司發行，2020.02
面；　公分．
譯自：The two cultures
ISBN 978-986-262-413-5（平裝）

1. 人文學

119　　109000262

編輯室報告

史諾於一九五九年發表「兩種文化」演講後，一九六三年又發表一篇重新審視兩種文化的文章。當時劍橋大學出版社將兩篇文章收錄以《兩種文化》書名出版。到了一九九三年，還延請柯里尼教授撰寫一篇長文介紹討論兩種文化的背景與影響，全文收錄於史諾兩篇文章之前。貓頭鷹於二〇〇〇年首次翻譯出版的《兩種文化》，即是完全依循劍橋版的編排順序。

不過，柯里尼教授的文章篇幅與史諾兩篇文章總長相等，且又有對史諾的諸多評述。此文置於史諾正文之前，使得不少讀者感到困惑。

因而，二〇二〇年新版採全書重新整編，將柯里尼教授文中介紹史諾與兩種文化背景的內容，仍置於史諾文章之前。對兩種文化與史諾的評述討論，收錄於史諾文章之後，供讀者參考。

臺灣新版導讀

再談史諾的兩種文化

高涌泉

關心科學與教育的人對於「兩種文化」這個詞彙與其意涵應不陌生。這是上世紀英國文化界名人（物理學家／小說家／文官）史諾（C. P. Snow）於一九五九年提出的一個觀點，大意是在當時的英國，科學家與文學家甚少往來，科技工作者固然不熟悉文學，傳統文人更是不了解科學，所以科學與人文成了涇渭分明的兩種文化。史諾說其他西方國家也大致如此，但英國尤其嚴重。

史諾對於這種狀況，非常不以為然，因為他認為當時英國主流社會只看重人文素養：沒讀過莎士比亞會被取笑，但是至於何謂熱力學第二定律則沒人在意；文化明星全是文人，而拉賽福、愛丁頓、狄拉克等頂尖科學家則根本不被視為知識份子。史諾呼籲英國應該尊崇科學家，因為他們才是往前看的人，只有他們才能為社會帶來福祉。他也認定如果不知道質量、加速度等基本科學概念，在現代社會中就好似不識字，因此英國應該重視科學教育，而且也應培養更多的科技人才。

對於史諾鮮明的論點，人文學者的不滿是必然的，也立即以猛烈砲火反擊，但是這正中史諾下懷，因為爭議有助於傳播史諾的主張。從那時至今，對於史諾兩種文化觀點的議論，此起彼落。例如當代英國科技史家艾傑頓（David Edgerton）就指出，英國根本一向重視科技，史諾其實誇大了文人的分量，而刻意低估科學家的影響力。另有人點出史諾的政治動機：西方國家必須強化科技實力，因為可幫助第三世界國家現代化，以遏止共產勢力。

當然也有許多人呼應史諾，例如經濟學家桑默斯（Larry Summers）在二〇〇一年就任哈佛校長時，即仿效史諾說：「現代社會中，沒有人會驕傲地承認沒有讀過莎士比亞的任何劇本，但是如果不知道基因與染色體的區別則是太常見、也是過度被容忍的事。」美國知名公共知識份子／心理學家平克（Steven Pinker）是最近的一個例子：他剛發表了新書《再啟蒙的年代：為理性、科學、人文主義和進步辯護》，其中多處以贊同的口吻提到史諾，特別是他和史諾一樣，高度評價科技具有能夠幫助人們免於飢餓、改善生活、脫離病痛、延長壽命的功能。若全球各角落的科學家和桑默斯與平克一樣引用史諾的說法，為科學叫屈助陣，也是全然可理解之事。

台灣全國上下，對於科學的重視，和無論是六十年前或是現今的英國相比，可說有過之而無不及。儘管如此，史諾在當年所說的科學與人文間的隔閡大體而言，也還適用於此時此地：從人文學者的角度看，科學不容易親近，長久以來就是如此；從科學的角度看，就我觀察，台灣科技工作者一般沒有時間可用於專業外的事務，所以不用說是文學、藝術或是社會科學，就算是對於其他科學所知也極為有限。

現代學術講究分工，專注於特定領域才能跟上競爭，所以不僅隔行如隔山是正常狀況，而且每一行的範圍還愈來愈窄。以我熟悉的領域——理論粒子物理——為例，三、四十年前，無論你從事的是粒子現象學或是較純理論性的研究，大家都一起舉辦討論會，但是現今，現象學與非現象學的討論會已分開舉行了。也就是說，當代科學家固然還分享某些共通的價值與規範，但是不同行的科學家愈來愈缺乏共通的話題，因此將所有科學視為「一種」文化的說法，其實質意義已經大幅降低了。

一百七十多年前，馬克思在所著《德國意識形態》文稿中這麼設想共產社會：「沒有人有特定的活動領域，而是可以依據自己的意願，在任何領域中發展。由於社會管制了生產，所以我就能夠今天做這件事，明天做那件事，早上打獵，下午捕魚，晚上畜牧，晚餐後從事批判。這樣我就不必只能當一個獵人、一個漁夫、一個牧人或一個批評者。」無論去除分工是否會真如馬克思所想那般令人更快樂，我們可以有把握地說，隨著工作的複雜度增加，專業必然會比非專業帶來更高的成就。所以，我們寧可要一個專業物理學家（或化學或生物），而不要一個隨興決定早上要研究物理、下午研究化學、晚上研究生物的科學家。

但是科學行業的高度專業性也容易讓科學家看起來像單面向的人，如此一來，科學家的確好像不能扮演「知識份子」的某種角色。科學家如果多半只是狹隘的專家，對於社會是個損失。這是「兩種文化」為科學家帶來的挑戰。

高涌泉　美國加州大學柏克萊分校物理博士。現為國立台灣大學物理系教授。

臺灣初版導讀

側看史諾與《兩種文化》

張譽騰

查爾斯．史諾（C. P. Snow，一九〇五至一九八〇）出生於英國中部的萊斯特郡，萊斯特大學物理化學系畢業後，在一九二八年前往劍橋大學基督學院，攻讀物理學博士，隨後在著名物理學家拉塞福（E. Rutherford，一八七一至一九三七）主持的卡文迪西實驗室（Cavendish Laboratory）從事研究工作，長達十五年，可說是受過嚴格訓練的科學家。二次大戰期間，他接受政府徵召，在軍方擔任文職，負責引介物理學家支援政府軍事工作。一九四五年，史諾離開劍橋大學轉往政府擔任科技事務官僚，職司徵選民間科學家進入政府部門工作的任務，同時也兼任民間企業的顧問，隨後並獲聘為英國電力公司總裁。一九六四年，英國工黨執政，他被委派為工業部次長，成為工黨科技政策重要的決策者，並因此被冊封為貴族（Lord）。這些不尋常的經歷，讓史諾對科學事務在政府和民間企業中所扮演的角色，有了第一手的觀察機會，也使他對官僚階層的權力與道德問題有了切身的體驗。

史諾是一個有多方面興趣的博雅之士，除了科學研究和事務性的管理工作外，他十分熱中於閱讀和文學寫作，從一九三二年出版第一本小說後，創作不輟，在一九四〇至七〇年代間，前前後後寫了近二十本小說以及其他非小說類的著作，其中以《陌路和手足》（*Strangers and Brothers*）為總名的一系列十一本小說，廣受讀者歡迎，可說是史諾的代表作，曾被翻譯成多國文字（據筆者所知，截至目前為止，台灣尚無任何史諾小說的譯本），讓他成為當時英國和國際文壇之知名作家。史諾也熱心公共事務，經常接受各界邀請發表演講，是一位卓越的社會評論家，獲頒的世界各國榮譽博士學位多達二十餘個。像這樣一位腳跨科學與文學兩個不同的領域，而且都有不凡成就的奇才，日後能成為講述兩種文化的權威，並引發國際社會對此一文化課題的廣泛注意和熱烈討論，也可說是其來有自了。

我認識史諾純係偶然；一九八七年八月我到英國萊斯特大學攻讀博物館學博士，此後四年留英期間，讀書研究寫作之餘，最喜歡的娛樂就是逛舊書店。史諾的暢銷小說《劍橋風雲》（*TheMasters*），就是在萊斯特市一家小舊書店裡邂逅的。這是一本描寫劍橋某一學院院長出缺，院內兩派人馬各自推出人選參加角逐的故事，對知識份子在良知與人性中固有的邪惡間的掙扎和內省，有充滿想像力和戲劇性的刻畫，讓我在打開第一頁後，就不知不覺地進入他小說中的世界，深深被其情節吸引，並為其創造的人物感動。閱讀史諾小說的經驗，常常讓我回想起以前徹夜不眠，耽讀杜斯妥也夫斯基的《卡拉馬助夫兄弟們》的情景。我總覺得這兩位作家，在關心的主題和寫作的手法上具有驚人的血緣和相關性，他們對人類的命運都有超乎尋常而極為誠摯的關懷，由於真誠的同情和同感，遂能多方出入小說人物的心靈，寫出極為委婉細緻、既曲折而又可信的動人篇章。

此後，我又陸續讀了史諾的許多小說，並且在英國各地旅遊時也特別著意蒐集史諾的其他著作，目前手邊，除了他的十三本小說外，尚有《科學與政府》（*Science and Government*）、《我所認識的人物》（*Variety of Men*）和《寫實主義者》（*Realists*）等非小說作品，其中當然也包括貓頭鷹出版社這次出版的這本膾炙人口的《兩種文化》（*Two Cultures*）。

《兩種文化》是史諾一九五九年五月在劍橋大學瑞德講座（The Rede Lecture）所發表的一篇演講，原名〈兩種文化與科學革命〉。演講內容分成「兩種文化」、

「知識份子是天生的盧德份子」、「科學革命」和「貧與富」四個段落。發表以後，在英國國內和國際間都有熱烈回響，並引發一場長達數年的文化論戰。史諾在一九六三年，再次發表了一篇重新審視兩種文化的長文，就各界的評論，提出他的辯解和回應。這兩篇長文由劍橋大學出版社在一九六四年結集出版後，頗受矚目，一再重印。一九九三年劍橋大學出版社央請柯里尼（S. Collini）為史諾這個文集寫了一篇長序，就「兩種文化」的歷史背景、史諾的生平、兩種文化的理念和意涵，演講發表後所引起的反應與爭議、當代各類學科的變革風貌、專業化現象，以及此一時代變革下，史諾所提出兩種文化理念是否仍能適用的問題，深入淺出加以勾勒和反省，為當代讀者提供了解史諾個人、以及考察「兩種文化」此一重要文化課題的參考框架。這次貓頭鷹出版社的中譯本，所根據的即為這個版本在一九九八年的重印本＊。

史諾作為一個小說家和社會評論家的地位，各界褒貶不一，文學評論家如李維斯（F. R. Leavis，一八九五至一九七八）等，對史諾這次演講以及他的小說，極盡批判之能事，其態度簡直可用「深惡痛絕」來加以形容。其他評論者如史坦納（G. Steiner）則對史諾的論點多有揄揚，其間的差異，常讓不知情的讀者，以為他們所論列的對象，好像根本不是同一個人似的。持平而論，史諾所提「兩種文化」的理念，並非多了不起的創見，對科學與人文的分歧，彼此不溝通甚至相互對立的文化焦慮感，自古有之，與此相類似的文化論戰也不乏先例，以英國為例，在其文化史上，著名者就有柯立芝（S. T. Coleridge，一七七二至一八三四）與邊沁（J. Bentham，一七四八至一八三二）的浪漫主義與功利主義論戰，以及阿諾德（M. Arnold，一八二二至一八八八）與赫胥黎（T. H. Huxley，一八二五至一八九五）的人文與科學論戰。

個人以為，史諾所提的兩種文化理念之所以能引起巨大的回響，其一在於他個人的跨學科背景、特殊經歷和傑出成就，身為意見領袖的魅力，讓史諾的言論動見觀瞻，具有一觸即發的條件。其二在於史諾對科學與人文分歧對立現象，以及因此延伸出的種種弊端，如對科學的誤解、忽視科學對人類生活的影響、教育的專門化與狹隘化，以及因科學不發達，所導致之個人和國家間貧富不均的現象等，都有極為宏觀的視野和洞見，並能佐以豐富的例證，以小說家的筆法生動的加以描繪表達，因此頗能打動讀者的心，引發強烈的共鳴。正如柯里尼所說的：

＊指二〇〇〇年貓頭鷹初次翻譯出版的版本。

在讀史諾的作品時，我們一定要記住他的理念背景，同時要知道，他既不是有條理的思想家，也不算是嚴謹的作家。他長於處理主要的思潮，他會先理解這些理念，並且將它們稍微調整成吸引人的說法，再加上一些小故事或趣聞，好對這些理念做更廣泛、更不一樣的詮釋，然後在他引人入勝的文章中，不停地提到這些詮釋。當他愈來愈有名，他所提到的思潮，也會變得愈來愈重要，真相的說服力小，文章的說服力反而大。

科學與人文的論戰，內容經緯多端，觀察視野也跌宕多變，如果再加上論辯者的不同背景與器識，會引起爭論，自也是意料中事。「兩種文化」的論辯，由英國而擴及到世界各國，時序由十八世紀延續迄今，問題基本上仍然是存在的。在文化上，這是人文學科與科學的關係的問題，在教育上，這是「專業化教育」和「通識教育」的關係的問題。即使是在當代的台灣，這樣的問題仍然有其時代性與迫切性。對史諾及其所提之「兩種文化」課題的關心，在台灣也早有一段時日了，就筆者所知，金耀基先生早在一九七六年即有〈兩個文化之對壘與技術人文主義〉一文（見《劍橋語絲》，頁一五六－一九〇），從史諾的兩種文化、劍橋的分裂性格、人文與科學的隔離，科學主義的橫決與反響、博雅教育、專門化及技術，一路論列到大學的使命與技術人文主義。郭正昭先生的〈也談「兩種文化」——兼評布氏《文明的躍昇》及《科學與人文價值》〉一文（請參見陳揚瑛與蔡仁堅合譯《科學與人文價值》一書附錄）開宗明義就談及「兩種文化」的危機。趙金祁先生在論及科學教育的角色時，也有類似的觀點。美國科普作家布羅克曼（J. Brockman）在一九九五年以《第三種文化——跨越科學與人文的鴻溝》（*The Third Culture: Beyond the Scientific Revolution*）為名出書，大力宣揚科學文化的重要件，希望以科學的思維和價值，進軍傳統人文學科所關懷的領域。將這些晚近所提出的種種論點和本書相互對照，正可顯現史諾在四十年前所楬櫫的文化課題，歷久彌新，仍然具有旺盛的生命力。人類學家米德（M. Mead）說：「過去是不停地透過現在而形塑出來的。」《兩種文化》這本書以及它所引起的諸多文化與教育問題面向，也只有在當代背景的映照下，才更能顯出它的意義和價值。

張譽騰　國立台灣大學動物學系理學士，美國西肯塔基州立大學生物學研究所碩士，英國萊斯特大學（University of Leicester）博物館學博士。曾任國立台灣大學人類學系兼任副教授、國立自然科學博物館副研究員兼科學教育組主任、國立台南藝術學院博物館學研究所所長、國立歷史博物館館長。

兩種文化：從科學人文的分道揚鑣到跨領域知識的倡議，史諾重新思索人類知識本質（60年經典再現版）

目次

第一部

在「兩種文化」之前

柯里尼

一九五九年五月七日下午剛過五點，一個巨大而蹣跚的身影，步向劍橋大學大禮堂的西端講桌前，在這棟外觀裝飾華麗的新古典建築裡，坐著一大群大學師生，以及許多罕見的嘉賓，為的是一場劍橋大學重要的公眾集會，也就是一年一度的「瑞德講座」。今天的講者是史諾（當時他正式的頭銜是查爾斯爵士，隨後很快成為史諾勛爵，不過史諾仍是他最為世人所熟知的名字）。史諾曾是一名科學家，也曾在政府單位和私人企業界擔任高階主管；還是一位成功的小說家及評論者；在當時已成為重要的公眾人物，有資格對所有議題發言。在這場為時一小時的演講中，史諾至少完成了三件事：他啟用了一個新的辭彙，或許可說是一個概念，成就了他輝煌的國際聲望；他陳述了一個問題（這個問題後來衍生成許多問題），一個讓所有認真反省現代科學的人，都必須注意到的問題；此外，他開啟了一個爭議，一個範圍廣大、持續長久，並且（至少在許多時候）攻防熾熱的爭議。

史諾這場演講的名稱是「兩種文化及科學革命」。他所謂的「兩種文化」，指的是他稱為「文學知識份子」（the literary intellectuals）的人，與自然科學家。他認為上述兩者彼此猜忌嚴重，缺乏理解，而這阻礙了運用科技改善人類問題的遠景。在與劍橋大學聽眾討論這項主題時，史諾提出了一些日後引起全球共鳴的議題，以及一些至今仍受人重視並引發激烈討論的議題。事實上史諾所作的，不只是提問在他「所謂的兩種文化之間，應該存在怎樣的關係？」也不只是提問「一般學校以及大學的課程，要怎樣安排，才能教育學生對兩種知識都有適切的認識？」除了這些急迫而龐大的問題之外，他問的是英國在先進國家中的地位是怎樣？富有國家要如何（注意，是「如何」而非「是否應該」）幫助貧窮國家？如何餵飽地球上的所有人類？人類未來的希望在哪裡？無論現在我們對史諾最初論述的適切性抱持多大程度的保留，甚至當今的世界也與充滿自信的一九五九年代之間，隔著一段令人困惑而沮喪的歷史，這都不可能減輕史諾所提出的這些問題在當今的迫切性與棘手程度。

史諾所提出來的「大哉問」，並不屬於任一學科的範圍；事實上，其訴求的對象，是所有受過教育的公民，認為不應該被既有的學術分科所局限。當然，這些問題一直與哲學家、歷史學家與社會學家所習於探討的一些課題相關；至於在物理學、化學及生物學界裡，它們應在多大程度上被視為主要工作的一部分，則正是往後辯論的一個課題。因此，可以很清楚地看出，所謂從文化歷史學的角度來看「兩種文化」此概念的起源與重要性，意思並非主張人文優於科學，更非對科學重要性的蔑視，或者倨傲地否定當前科學家的看法。然而，史諾和他的理念現在開始面臨一個命運，一個在近代知識史屢見不鮮的情況，就是被趕到陰暗的角落，在尚未獲得詳細的歷史重構之前，就不再視為「當代文化的一部分」。因此，在試著點出史諾的問題在當今仍有的重要性與關聯性之前，先從歷史面來考察他的論點及影響，以便讓他儘速「重見光明」，或許對我們會有些幫助。但首先，簡要的看一下論辯前的歷史，或許有助於從更長遠的視野探討這個主題。

「兩種文化」的歷史背景

對於「兩種文化」歧異的關心，演變成為一種文化性焦慮，基本上是從十九世紀開始，而這種焦慮在當代所表現出的形態，則是早期幾乎無法想像的。當然從西方文化曙光的希臘時代以降，就一直將知識明確分類，而許多時候，當其中某一學術分支或「學科」變得太過強勢或太過深奧時，有識之士也會憂慮其中潛藏的危險。但在整個中世紀和文藝復興時期，對於自然的詮釋，通常被視為「哲學」——這個無所不包的學科——的一部分。只有到十七世紀，在一場被後世史家稱為「科學革命」的歷程中，研究自然世界的豐碩成果，才被大眾廣泛肯定，認為足以重新定義「何謂真實知識」。並且隨後這些「自然哲學家」（當時他們仍被如此稱呼）所採用的方法，也取得了特殊的文化權威。十八世紀啟蒙時期，追求成為「道德科學裡的牛頓」的渴望，再度形成風潮，證明了這樣的學術權威，不只是屬於天體動力學，而是更普遍的屬於整個「實驗方法」。但這樣的字眼（「道德科學裡的牛頓」）同時也顯示出，研究人類行為，在當時是視為研究自然世界的延續，而在法國百科全書學派*所編纂的《百科全書》，這本十八世紀啟蒙時期的重要知識寶庫裡，對於人類知識的區分，也沒有類似往後「科學」與「人文」的區分架構。

從浪漫主義時期，也就是十八世紀末到十九世紀初開始，不同知識之間的某些歧異，開始以一種會危及個體養成及社會整體的形式發展。但即使在此時，這樣的危險都不足以視為人文學者與自然科學者之間無法溝通。布雷克等人，確實曾痛批牛頓及其理論，但浪漫主義者對想像力的重視，也使他們會把詩所充分釋放的創造力與情感，與政治經濟學（這個「苦悶的科學」）對人類生活貧乏無趣的研究，做出強烈對比，從而劃分對人的研究與對自然世界的研究。當時也出現了一個更普遍的文化焦慮，就是擔心計算與量化，會逐漸取代修養和情感；當然在許多地方，人們最憂慮的，卻是各種世俗的知識對虔誠的宗教信仰與行為可能帶來的威脅[†]。

對於知識的研究，包括對於各種知識形式的後設研究，當然受不同國家傳統所形塑，也與一些社會活動相關。如果我們以英國為例，來追溯「兩種文化」問題的系譜，會發現它是來自於英國本身一些社會體制的獨特發展，包括教育以及研究機構。這樣的獨特性展現在語言上，在英文中「科學」這個字眼是狹義的被指涉為「物理」或「自然」科學，不過這在英國也只有在十九世紀中期，才成為普遍的用法。當十九世紀晚期，牛津英文字典開始編纂時，這些編者了解這樣的用法是相當晚近的發展，因此這本字典在一八六〇年代之前的版本中，對於此詞義沒有給予任何例句，而往後它的第一個例句，正好間接的點出了「科學」在英文的涵義，已經不同於其他歐洲的語文；「我們應該……效法英國人普遍對『科學』一詞的用法；也就是指涉物理及實

＊譯注：該學派主要成員包括狄德羅、伏爾泰、孟德斯鳩等著名學者。

†這部分的簡要介紹，可以參考 *Between Literature and Science: The Rise of Sociology* (Wolf Lepenies, 1985; Eng. Trans., Cambridge, 1988) 其中的導論。此書原本的德文書名 *Die Drei Kulturen*（The Three Cultures，三種文化），清楚地展現與史諾論題的相關性。

驗科學，而將神學與形上學排出在外」＊。同樣地，「科學家」一詞的出現，以及它之專屬於自然科學研究者，也是在一八三〇及四〇年代之後的事。一般都把明確建立「科學家」一詞的功勞，歸於科學哲學與科學史家惠威爾，他在一八四〇年出版的《歸納性科學的哲學》一書，使用了「科學家」這樣的字眼。但這詞的首度出現，是在一篇惠威爾於一八三四年發表的文章裡，這篇文章主要內容，是描述缺乏對於「物質世界的研究者」的專有稱謂，如何造成一八三〇年代早期「英國科學促進協會」開會時的困擾，在其中一次會議裡「某位機智的紳士主張，應仿照『藝術家』（artist）的稱謂，將這些人稱為『科學家』」，不過該文表示「這樣的建議並不被普遍接受」†。這個稱謂後來的風行，展現了自然世界研究者對於本身專業認同的自我意識抬頭，而這正是往後造成兩種文化壁壘分明的先決條件。

科學與其他文化的關係漸行漸遠，但促使這個情況成為高度迫切的問題，最關鍵的社會機制當然是教育。所有主要的歐洲國家，當他們在十九世紀建立國家教育體系時，皆是如此，不過我們再一次看到，這樣的情況在英格蘭又特別顯著（蘇格蘭則保持著較通才也較民主的教育形式）。基於社會性與智識上的因素（後者至少與前者一樣重要），直到十二世紀，最正統的教育過程，仍然是先在私立學校‡接受古典人文教育，然後到牛津大學或劍橋大學深造（雖然數學長期以來也被視為某種形式的智能鍛鍊，而被歸入古典教育中）。但科學教育逐漸滲透進這些菁英學院中：一八五〇年劍橋大學開了一門自然科學的課程，這是個重要的里程碑，而一八七〇年得文郡公爵捐款成立卡文迪西實驗室，則是另一個重要里程碑。但在某些地區，科學教育仍繼續被汙名化為職業訓練，甚至被認為是有點汙穢的活動。事實上，在每個層次，科學都必須奮力爭取才能得到平等的待遇，比如課程安排；而尤其是應用科學，在當時的教育界與產業界，都一直（或許到今日仍然）被視為較劣等的學科◎。諷刺的是，十九

＊這段文字是引自 *The Dublin Review* (W.G.Ward, 1867)；請見牛津英文字典中「科學」第五個詞義。一九八七年出版的《牛津字典補充說明》，只簡單地說：「這在當今的日常使用中，是最主流的詞義。」

† William Whewell, 'The Connection of the Sciences by Mrs Somerville', *Quarterly Review*, 101 (1834), 59. 此外請見 Sydney Ross, 'Scientist: the Story of a Word', *Annals of Science*, 18 (1962), 65-85，文中認為那位「機智的紳士」就是惠威爾自己。

‡ 譯注：這裡的原文是「public school」，不過這在英國指的卻是私立的寄宿學校。

◎ Eric Ashby, *Technology and the Academics: An Essay on Technology and the Universities* (London, 1958)，特別注意該書的第二、三章。史諾也以持肯定的態度引用了此書，詳見本書第七十七頁。

世紀科學教育與人文教育的擁護者，彼此在正統爭奪戰中（史諾與其主要的對手——來自文學批評界的李維斯——之間的論辯，可以部分看成是此對抗的延續），劍橋大學的瑞德講座也是目標之一。

在十九世紀晚期，對科學最死忠、最公開的擁護者，莫過於赫胥黎，他是一位傑出的生物學家及比較解剖學家，曾是邁因斯大學皇家學院的教授，主導創辦一間科學教育學院，後來成為倫敦的帝國學院。一八八〇年梅森學院成立，這是一所坐落在英格蘭工業中心伯明罕的學校，立校宗旨就是要提供科學教育給有志從事製造業或商業的學生；赫胥黎在開幕典禮受邀演講，他向傳統古典教育的捍衛者提出了挑戰；他主張科學形成文化的一部分，提供了豐富的智識訓練，更對國家福祉做出不可磨滅的貢獻。他公開指摘那些傳統古典教育者的捍衛者，認為他們對科學教育的抵制既不公平又缺乏遠見*；這樣的口吻在下個（即二十）世紀，將為人們所熟悉。

赫胥黎的演講中，也間接但正面提到當時古典教育支持者偏好「我們的文化導師」——即阿諾德——之著作的情況。在當時，阿諾德是維多利亞英國最頂尖的文人，而他的生涯中有很長一段時間在擔任學校的督察，因此在教育問題上，他就被認為具有雙重權威。當他在一八八二年受邀在瑞德講座演講時（地點也正是史諾後來演講的劍橋大學禮堂），他的講題是「文學與科學」，並且挑明與赫胥黎論戰。他的論述策略，是將相關的名詞重新定義，使得赫胥黎對於文學教育與科學教育之間清楚的劃分，變得完全模糊。他主張「文學」的範圍不止於純文學（belles-lettres），更包含所有偉大的古典著作，包括牛頓的《數學原理》與達爾文的《物種原始》。同樣地，他認為赫胥黎把「科學」的意義局限在英文的狹義裡，事實上研究語言或研究歷史，都可算是系統性知識或科學（Wissenschaft）的一部分。至此阿諾德可以輕易下結論：文學與科學並非截然不同，並且兩者必須兼備才能構成完整的教育。但在這場妥協表演的背後，其實阿諾德很反對赫胥黎對科學的提倡，以及他對古典教育的貶抑。最重要的理由是，阿諾德堅持認為自然科學的訓練，或許可以培養出實用而有價值的專家，但絕無法培養出「有教養」的人，在這方面，文學，特別是古典文學，仍舊是無法取代的[†]。

＊T. H. Huxley, 'Science and Culture' (1880)，收錄在他的著作 *Science and Education: Essays* (London, 1893), pp. 134-59。

†Matthew Arnold, 'Literature and Science' (1882)，收錄於 R. H. Super (ed.), *The Complete Prose Works of Matthew Arnold*, vol. X (Ann Arbor, 1974), pp. 52-73。

這樣的歧異，不只預告了往後史諾與李維斯間的衝突，也顯示在這項議題周圍，存在著不同的社會與制度性力量。雖然赫胥黎與阿諾德兩人在私下是好友，但兩人所代表的是不同的世界，赫胥黎出身低微，他在職業學校教書，也曾在商業性質的學院做開幕演講，而雖然他的成就在維多利亞時代的上流文化圈中得到相當大的回響，他所代表的仍是傳統特權與權力核心以外的一股聲音。相反地，阿諾德的父親是拉格比（英國中部城市）當地中學最負名聲的校長，深研古典與英國文學，寫得一手貴族文體，後來甚至被視為牛津大學的精神象徵，所受到的愛戴超過牛津大學的詩歌教授（Professor of Poetry）。在英國文化史上，關於科學與人文在整個教育體系上之適當地位的爭論，總是與制度化的階層及社會階級緊密糾結相關，可以說這些社會因素的存在，也形塑了日後史諾的分析，以及英國國內對他的回應*。

雖然從赫胥黎與阿諾德之間（極溫和）的爭議至今，教育結構已經大幅改變，但學術分科及其衍生的問題，在英國仍然占據獨特（甚至可說特別尖銳）的地位。英國大學教育與學士後的高等教育，都比其他國家更為分殊化，在史諾演講的當時，這樣的情況達到極致：一個在學業上有天賦的小孩，通常早在十四歲，就在科學或人文中擇一攻讀，並在十六到十八歲間，挑選其中特定的三個主題修習，然後到了大學則完全只專攻其中一個主題。最近幾十年，才開始嘗試在中學與大學中，允許較廣泛或較混合性的選修，但情況仍然與美國——甚至其他歐洲國家——形成強烈對比，美國與其他歐洲國家，承繼的是另一種文化態度與教育安排，因而對「兩種文化」議題有不同的偏向。比方說在法國，許多頂尖的科學「名校」（grandesécoles），與公私部門管理階層的人事有密切的聯繫：許多資深的官員、銀行家或企業家，都是從極著名的「工藝學校」中，以工程學位的資格畢業。在另一個層次上，德國的「工藝學院」也享有高度的聲望，使得技職導向的科學教育，在德國的社會地位比英國來得高，也培養出許多技術人才，成為工商界的經理人員；「兩種文化」論題在這些國家產生的效應，無可避免的受到不同文化傳統的影響。時至今日，雖然「兩種文化」這個論題，在相當程度上已經脫離史諾當初的演講，而自成一個重要議題，但當我們面對這個問題時，它呈現出的面貌，仍帶著史諾本身之論點及其後相關論辯所留下的印記，因此再更為詳細考察這些歷史背景，或許對我們有些幫助。

＊請見 Hilary Rose & Steven Rose 所做之歷史考察，*Science in Society* (London, 1969)。

史諾的生平

史諾的全名是查爾斯・派西・史諾，生於一九〇五年十月十五日的萊斯特（位於英格蘭中部），是威廉・愛德華・史諾與艾達・蘇菲亞・羅賓遜的第四個兒子*。史諾家族男性成員的歷史，具體而微標示了近代工業英國的幾個發展階段：史諾的曾祖父約翰・史諾在一八〇一年出生於得文郡的鄉村，雖然據說他目不識丁，但在當時第一次產業革命的潮流下，也移居到伯明罕，從事引擎裝配的工作。祖父威廉・亨利・史諾，是獨特的維多利亞時代人物，自學出身，是個激進主義者，後來在萊斯特的電車系統擔任主管工程師，負責監督把馬車系統改為電車系統的工程。他在一九一六年去世，較年長的孫子，都從他身上看到那個英雄年代裡的自助精神與嚴謹的美德（查爾斯在文章及講演中，多次以充滿敬意的口吻提到他的祖父）。史諾的父親威廉・愛德華・史諾，十分愛好音樂，他是當地教會的風琴師，也是皇家風琴師學院的會員，後來甚至成為該學院的正式成員（Fellow），這是他畢生極為驕傲的事。但音樂並不足以養家活口，因此他在萊斯特一家鞋廠做辦事員。在細微的英國式階級認同光譜中，「地位較低但有教養的準中產階級」與「除值得尊敬外乏善可陳的高級工人階級」之間，有著重要的分野，而史諾家族恰處於這個分野之上。他們的經濟狀況相當吃緊而不穩定，與同住這區內次級住宅的家庭相仿，這些鄰居可能是泥水匠、倉儲工人或鍋爐領班。不過史諾家與鄰居間還是有些不同，他父親在後方的起居室教授鋼琴課程，家裡小孩都被送到小型的私立學校，而非當地的寄宿學校。史諾終身對於社會階級問題都保持高度關切，在他的著作中也展現無遺。

查爾斯．史諾在一九五〇年與小說家帕密拉．翰斯福．強生結婚之前，家人都稱呼他派西。如其他背景普通，但天資聰穎而好學的男孩一般，他在地方上的公立圖書館找到通往更廣闊的想像世界之入口；並且從十一歲起，就讀萊斯特當地的奧德曼牛頓中學時，受到知識、文化及體育方面的興趣啟發。奧德曼牛頓中學在學術方面的表現並不佳：在史諾就讀當時，沒有人打算從那裡直升大學。這學校比較拿手的是科學，而非傳統較被看重的古典及人文學科，而史諾主修的也是科學。雖然他成績出眾，但仍發現許多鴻溝橫亙在前：他在一九二三年成功通過「自然科學中級考試」，卻仍須等兩年方可進大學攻讀學位；在這段期間內，他在學校的實驗室做助理，賺取

＊完整的生平介紹，請見 Philip Snow, *Stranger and Brother: A Portrait of C. P. Snow* (London, 1982)。

津貼，並廣泛閱讀各類書籍，尤其是十九世紀的歐洲小說。一九二五年，他進入附近的萊斯特學院，成為該校新成立之化學與物理學系的新生。這所學校屬於小型的地區高等教育中心，在當時這種機構只能授予倫敦大學不提供的學位。史諾在一九二七年拿到化學課程的第一名，並在一九二八年取得科學碩士的學位。他是一個企圖心旺盛的青年，在該校最後一年甚至太過用功，而把自己身體狀況逼到崩潰邊緣，但最後他的成績終於讓他踏出關鍵性的一步，走入一個更廣大的世界：在一九二八年十月他獲准進入劍橋大學基督學院，成為博士班學生。

史諾一開始是在世界知名的卡文迪西實驗室（當時是由拉塞福爵士*主持），研究紅外線光譜分析。他的研究成果豐碩，並在一九三〇年以二十五歲之齡，獲聘為基督學院教授，他一直保有這個職位直到一九四五年。剛開始看來，他往後的生涯似乎注定成為成功的科學家，但一九三二年的一次挫敗，卻扭轉了他的生命。當時他與另一位同事合作，他們相信自己已經找到製造維生素A的方法，這種方法在理論與應用上都極具關鍵性，並且，當他們在著名科學期刊《自然》上宣布這項發現之後，英國皇家學會主席也向官方媒體證實這項發現的重要性。但晴天霹靂的是，他們的計算竟然是錯的！他們必須在眾目睽睽下，撤銷、收回他們的「發現」。如同史諾的弟弟所言：「這個在公眾之前受挫的巨大創傷，讓查爾斯再也無法回到科學研究的領域。」†史諾本身是科學家的這個身分，對於他往後在談論「兩種文化」議題時的權威性極為重要，然而當許多科學家對於史諾自許為科學文化捍衛者感到有些不對勁時，他的權威性事實上是有些脆弱。他在瑞德講座演講當時，已經遠離第一線的科學研究超過二十年了，而且他在科學領域的成就，最多只算有些零星貢獻而已。

兩個事件的發展，讓史諾開啟了另一個生涯。一九三二年他出版了偵探小說《航行中的死亡》，兩年後出版了《尋覓》一本關於年輕科學家的小說。這些初期的著作都獲得不錯的評價，讓史諾信心大增，開始認真考慮做個專業作家。一九三五年初他開始有個系列小說的構想，這個構想日後成為十一冊的「陌路與手足」系列，在一九四〇年到一九七〇年之間陸續出版，不僅極為暢銷，還被翻成多國語言。史諾往後的名聲與地位，無疑皆來自於這系列小說的成功。不過，在他的生涯裡，真正來得較快的幸運轉變，是在第二次世界大戰期間，當時史諾臨時被徵調進政府機關，負責徵召

＊譯注：拉塞福，生於紐西蘭的英國實驗物理學家，亞原子物理學先驅。一九〇八年諾貝爾化學獎得主。

† C.P. Snow, *Stranger and Brother*, p.35.

物理學家，並調派他們支援戰事。這使得他得以發揮管理長才，也讓他認識了許多重要人物，並且可以從內部觀察權力的運作。一九四五年戰爭結束，他決定不回劍橋，而接下了兩個兼職的工作，讓他可以繼續從事小說創作：一個是政府官員，主要負責科學相關的文職甄選；另一個是在企業界擔任諮詢的職務，後來還成了英國電力公司的總裁。小說成功之後，史諾就辭去這些職位，而也是因為在一九五九年後脫離了公家職務，他才得以開始他第三個生涯：名人、富爭議性的名嘴及名儒。瑞德講座正是史諾首度——也是最著名的一次——宣告他的新角色。

一九六〇年代是史諾聲望的巔峰，許多專著探討他的小說和戲劇創作，他並獲頒二十多個榮譽學位，最重要的，針對他的「兩種文化」概念（這也是他聲望達到頂點的來源）的討論與爭議，儼然已成為一個小型文化產業（值得一書的是，幾乎他所有的榮譽學位，都是來自國外的大學，而他的演說雖然在英國遭到一些懷疑甚至輕蔑，在國外卻毫無這樣的情況）。一九六四年十月工黨大選獲勝之後，他接受威爾遜的邀請，在新成立的科技部中任次長，並受封終身爵位，後來還擔任上議院的科技發言人。一九六六年四月辭去內閣職務，但在著作方面（包括小說與非小說著作），在此之後仍保持一貫豐富的產量（甚至更勝以往）。並且以名嘴、顧問及名儒的身分，周遊列國，發表對國際和平、貧窮及發展等問題的看法。於一九八〇年七月一日逝世。

「兩種文化」概念的發展

對於「兩種文化及科學革命」這場演講所衍生的爭論，現在主要的焦點似乎都放在一九五〇年代晚期與一九六〇年代初期，但事實上，這個論點以及演講中用語的起源，可以追溯到史諾早期的生涯階段，而且它們以令人訝異的程度，展現了史諾早在一九三〇年代就被形塑並固定的智識發展。史諾自己總是把兩次大戰期間——特別是一九三〇年代在劍橋那段日子——稱為他原創性科學研究的黃金時期，而且他明顯地吸收了一些當時對於科學的主流概念，尤其像「進步性」科學家或科學的激進代言人如伯納*與布萊克特†等人的想法。他認為傳統的菁英領導無方，使得世界陷入經濟

*譯注：伯納（1901-1971），結晶學專家。

†譯注：布萊克特（1897-1974），英國物理學家，一九四八年諾貝爾物理學獎得主。

蕭條，且瀕臨第二次的毀滅性戰爭邊緣，此時只有科學才是最大的希望。同時他也認為，科學的領域是真正的「選賢與能」（meritocracy），也就是如果真有能力，便足以克服個人在社會上的劣勢，而獲得應有的報償。年輕的史諾對於「文學知識份子」（這裡採取比較狹隘的定義）就已經有些反感，尤其對於他在這些人身上所看到的一些勢利與懷舊的態度，終身都極為厭惡。

史諾明顯的渴望由科學菁英來統治社會，這點是人們之所以將他與威爾斯相提並論的原因之一，威爾斯是前一代首屈一指的科學擁護者。事實上，史諾早期對威爾斯的仰慕，本身就是個重要線索，有助於我們了解「兩種文化」論辯的動力學。其中一個特別有意思的證據，是史諾在一九三四年出版的《劍橋評論》上，發表一篇對威爾斯著作《自傳的實驗》的評論。史諾在文中清楚表達他對威爾斯的仰慕，認為後者是「一位偉大的作家」，及「一位不尋常的人」，威爾斯「對於一個有計畫的世界的企盼」，史諾也深有同感；史諾也表示，他對於當時劍橋大學普遍存在對威爾斯的否定態度（特別在文學評論界），感到十分不滿，他認為這種態度部分是由於威爾斯是「偉大作家中最不懷舊的一位」（「他刻意花費大量精力，為未來做計畫」）。在這篇早期的評論中也已經可以看出，往後史諾為何會攻訐「文學知識份子」為「天生的盧德份子」（Natural Luddites）。史諾在文中特別強調他對這種態度的鄙視：「如果藝術指的是所有對無意義、沮喪、逃避鄉愁等情感的表達，則威爾斯比起任何一位寫過文章的人，都還算不上是藝術家」*。

事實上，這些對於威爾斯的不同回應，比起史諾對劍橋文壇特有之鄙夷態度的廣泛憎惡，更直接體現了三十年後的爭論。在一九三二年《觀察》的創刊號裡，李維斯自己寫了一篇對威爾斯最新著作《人的工作、財富與快樂》的評論。在文中李維斯不只是充滿敵意，更可說是語帶輕蔑；他甚至質疑威爾斯在當時是否還值得一評，不過他隨即表示（用詞竟然類似他往後對史諾的攻評），威爾斯必須被視為「一個案例、一種類型及一個預兆」來討論，「在這個意義上，他是值得一談的。」李維斯在文中也演練了對「技術官僚觀點看待人類福祉」的批評：「機器的效率成了最終的價值，這對我們而言，似乎與擴展及豐富人們的生活毫不相干」†。在同一期的另一篇文章

---

* 史諾，'H. G. Wells and ourselves', *The Cambridge Review*, 56 (19 Oct. & 39 Nov. 1934), 27-8, 148。史諾過了很久，才在《我所認識的人物》（*Variety of Men*, London, 1967）一書中，再次表達對威爾斯的仰慕與讚賞。

† F. R. Leavis, 'Babbitt Buys the World', *Scrutiny*, 1(1932), 80, 82.

〈文學的心靈〉裡，李維斯痛擊了美國的文化評論者伊士曼，其中最猛烈的砲火之一是：「他極端虔誠的相信〔科學〕終將解決我們所有問題。簡單講，他還活在威爾斯的年代。」*

在史諾對於威爾斯的評論中，很清楚地呈現李維斯就是史諾心中那些「劍橋評論者」之一。除了文中引用了李維斯「反向的」給予艾略特†（當時還是一個頗富爭議、一點都算不上是「眾所肯定」的作家）高於威爾斯的評價之外，還有史諾直截了當的嘲弄：「照李維斯的教法，大學生可能會認為霍普金斯是十九世紀文壇唯一的代表。」李維斯是艾略特最早的學院支持者之一，而他也的確常被指控灌輸學生「正確」的文學評價，且在他於一九三二年出版的《英詩的重新探討》中，霍普金斯是十九世紀的詩人裡，唯一得到正面評價且以相當長的篇幅討論者。公眾人物常以昨日的態度處理明日的問題，這是可以理解的，不過對於史諾這樣一個總是自傲於自己的前瞻性，以及曾經身為「充分掌握未來者」之發言人的經歷者，竟然如此徹底被自身在一九三〇年代與劍橋派的對抗經驗所形塑，不免令人感到特別訝異。

史諾對於科學的文化角色及其政治影響的看法，在整個一九四〇與五〇年代中，持續出現在他的小說與正式作品中；不過他首度公開展示他的「兩種文化」觀念，是在《新政治家》（*New Statesman*）一九五六年十月號發表的一篇短文中（其中許多字句都原封不動的重新出現在瑞德演講中）。這篇早期的文章，甚至比往後那些「加強版」更清楚地呈現出，「兩種文化」的概念，是來自於一種對特殊認知下的「文學知識份子」的敵意‡。「傳統文化大體上當然是以文學為主，這種文化現在已經類似一個正在失勢的國家——支撐它的基礎只剩下其脆弱的自尊，它花費過多的精力在建構複雜而晦澀的文體，偶爾還發出強烈的不滿情緒，毫不顧及可能的後果；並且自我防衛心太重，以致對於外在力量（這些必然將重塑它的力量）毫無想像力。」其他部分的批評，則只是透過間接影射：根據他的觀察，科學文化的特質乃是「穩定的異性戀傾向」；與文學文化不同的是，科學文化中「沒有虛偽與邪惡的事物」◎。

---

* F. R. Leavis, 'The Literary Mind', *Scrutiny*, 1(1932), 30.
† 譯注：艾略特（1888-1965），一九四八年諾貝爾文學獎得主。
‡ 史諾顯然對一般的知識份子也累積了普遍的敵意：「他曾說他喜歡正直的軍人，勝過冷漠的知識份子。他總是認為自己是個有智識的人（an intelligent person），而非「知識份子」（intellectual）。」Snow, *Stranger and Brother*, p.143.
◎ C. P. Snow, 'The Two Cultures', *New Statesman* (6 Oct. 1956), 413.

這篇「兩種文化」論文的初期版本，還在以下兩方面透露一些訊息。第一（這點與往後在討論這個議題時的絕大多數脈絡，大不相同），史諾在這裡並沒有提到教育體制的結構或內容上的問題，他談到的是科學家群體與作家群體的特性，對於他所主張兩者間存在的鴻溝，也沒有提出任何實際的改善計畫。其次，不同於瑞德演講，更不同於史諾往後對於「在這場著名的演說中，他『主要』獲得的東西到底是什麼」的回顧，這篇一九五六年的文章絲毫未提及貧富國家關係的問題，以及缺乏科學教育的政客與官員，所做出關於科技應用的決策所引發的問題。此文中他主要的命題，是他深信科學家作為一個群體，在「道德體質」（moral health）上，絕對優於「文學知識份子」。他聲稱，科學家原本就關注集體福祉與人類的未來，他透過一些刻意挑選的極端例子，來展現此特性與「傳統文化」的對照：「俄國首相普貝多諾瑟夫認為奴隸的唯一問題，就是他們的數量不夠，杜斯妥也夫斯基卻對這種人阿諛奉承；隨著龐德*完成了為法西斯主義者的廣播工作，激進派在政治上的影響力就從一九一四年起開始衰退；福克納對於美國黑人被視為劣等人種的情況，提供了感性的理由。」這些對大眾的背叛，來自於作家的一種傾向：他們對於人生悲劇本質的觀感，使他們看不清同胞的需求。從這樣的態度，「構成了失敗主義、自我放縱，以及道德上的自大，而這些在科學文化裡幾乎完全找不到」。這個對「兩種文化」首次描繪的重點是「科學文化所能給予我們最偉大的貢獻，乃是……道德上的改善」†。

兩年後，在一篇表面上在探討「拉塞福的時代」的文章裡，史諾重申這些觀點（正好也再一次顯露出，他的基本思考範疇是如何根深柢固的受限於兩次大戰間的時期）。同樣的對比再次出現：「如果我們把拉塞福和布萊克特歸一組，然後把劉易斯‡和龐德歸另一組，哪一組會和他的同胞們站在一起？」文壇人物總是向後看，並且與「法西斯主義存在曖昧關係」，還帶有反猶太的色彩；相對之下，「一如所有的科學家——無論保守派或激進派——一般〔拉塞福〕幾乎是毫不思索，便把未來視為己

---

*譯注：龐德（1885-1972），為美國詩人。

†C. P. Snow, 'The Two Cultures', *New Statesman* (6 Oct. 1956), 414.
史諾在一九六〇年受邀為「美國科學促進協會」（American Association for the Advancement of *Science*）演說，題目為「科學的道德偏向」（The Moral Un-neutrality of Science），其中進一步地發展了他對於科學研究，所內含的道德性本質的概念。講稿於一九六一年在《科學》（Science）期刊發表，也收錄在他自己的《公共事務》（*Public Affairs*）一書中（London, 1971）。

‡譯注：劉易斯（1882-1957），英國藝術家、作家及文藝評論家。

任」*。在瑞德演講中的一些最奇特或最挑釁的部分（以及一些關鍵用詞），都可以在這些早期文章中找到根源，最重要的是，這些文章更能幫助我們理解在講演中所呈現「文學知識份子」的邪惡形象——別忘了，這樣的呈現是出自一位當時以小說家著稱的人。一位同情史諾的觀察者有些嘲弄的對這場演講下注腳：「他這次演講的唯一詮釋，就是把自己和文學帶到勢不兩立的對抗裡。」†

閱讀「兩種文化與科學革命」，最後一個值得觀察的要點是它的形式。演講本身就是一種特殊時機（occasion），包含這個字（即occasion）的兩種涵義——它是一個社會事件，同時也是一個機會。講者受到邀請：他／她取得向公眾發言的權利（有趣的是，我們可以探討一下，現代文化史上幾個重大的爭論，似乎都源自於某種形式的公開演講）。雖然講稿本身也是文章的形式，但演講與文章之間，在語氣與意圖上有著重大差異。演講不可能掌握古典評論特有的親密性、沉思性，有時甚至古怪的用語。演講通常展現出較為宣示性與論辯性的姿態，此外，雖然最好的演講仍須藉助聽眾的共謀，但這個形式本質上仍是教學性的（也就是憑藉著教授的權威）。而這正是一個史諾所熟悉的形式，他的著作總是利用溫和謙遜的比喻包藏權威性的論斷：他強調過去未被提及的證據，他知道如果證據錯誤時的嚴重後果，但如果證據正確時，他將是最為得利者。

因此，在讀史諾的作品時，我們一定要記住他的理念背景，同時要知道，他既不是有條理的思想家，也不算是嚴謹的作家。他長於處理主要的思潮，他會先理解這些理念，並且將它們稍微調整成吸引人的說法，再加上一些小故事或趣聞，好對這些理念做更廣泛、更不一樣的詮釋，然後在他引人入勝的文章中，不停地提到這些詮釋。當他愈來愈有名，他所提到的思潮，也會變得愈來愈重要，真相的說服力小，文章的說服力反而大‡。他最主要的目的，是讓他所說的話受到注意，從這個標準看來，瑞德演講的成功當然毋庸置疑。

＊C.P. Snow, 'The Age of Rutherford', *Atlantic Monthly*, 102(1958), 79, 80.

†Lionel Trilling, 'The Leavis-Snow Controversy'，重新收錄於他的著作 *Beyond Culture: Essays on Literature and Learning* (New York, 1965), p. 152。這篇評論最早是以 'A Comment on the Leavis-Snow Controversy' 的標題，發表在《當代》（*Commentary*, 1962），也收錄在 *University Quarterly*, 17(1962), 9-32。史諾引過此文，在本書一六一頁注釋＊會提到，但史諾把年份標為一九五九。

‡最能表現這種情況的，莫過於後來幾篇收錄在《公共事務》的文章，如〈圍困〉（The State of Siege, 1968）。

第二部

兩種文化：一九五九年瑞德講座

史諾

自從最早關於「兩種文化」的演講稿付梓後，我認為在第一版時最好以原貌示人，所以除了修改了兩個小瑕疵以外，隻字未動。還是一樣，不願更動隻字，所以再版時，我只是參照著過去四年來的各種評論，把這篇稿子再看一遍而已。

史諾，一九六三年九月二十三日

兩種文化

距離這個盤旋在我腦海中已有一段時日的問題概梗，付梓至今，已有三年*。我生命中的某些個人境遇，使我無法迴避這個問題。我反覆思考這個問題的唯一基礎，只有透過一些個人境遇，透過這一系列的巧合。任何有類似經驗的人，大概也會看到同樣的問題，我想他們對這個問題的見解也會和我相近。我碰巧擁有這段不尋常的經驗：就所受的訓練而言，我是個科學家，我的職業卻是作家。這就是我的個人境遇，你們也可以說這是由於出身貧窮才有的好運。

但是，我的個人生命歷史不是今天的重點，今天我要談的是：我恰逢在一個科學活動擁有重大發展的時刻來到劍橋，在此做了一些研究，因而，我有幸占到好位置，就近觀察到所有物理學門中最具有驚奇創造力的其中一個時代。這一切都是在大戰期間僥倖發生的，包括一九三九年一個很冷的早晨，在凱特林車站的餐室遇到布拉格†，

---

* 'The Two Cultures', *New Statesman* (6 Oct. 1956).

† 譯注：布拉格（1890-1971），英國物理學家，一九一五年諾貝爾物理獎得主，與其父共同發明X射線光譜。

這次邂逅對我的實際生活造成了決定性的影響，從那時起我能夠，並且出於道德驅使，開始持續觀察物理學的這個重要發展階段。所以三十年來我一直和科學家保持聯繫，這麼做不只是出於好奇心，也是我工作的一部分。這三十年來，我嘗試勾勒出我心中這部書的雛形，而這種想法總能適時引導我找出跟別的作家不一樣的寫作主題。

有好多日子，我都是白天和科學家一起工作，晚上和文藝同僚一起入睡，這個說法一點都不誇張。當然，我的摯友中有科學家也有文學家。我生活在這兩個性質不同的集團中，規律地往返其間，正因如此，早在我將這問題付諸文字之前，我的內心早就受其所盤據，我自己將這個問題命名為：「兩種文化」。我常常覺得自己在兩個集團間游移。雖然這兩個集團的聰明才智相當，種族相同，出身背景沒有太大差異，擁有相同的收入，但是他們幾乎完全不和對方溝通，他們在理性、道德和心理氛圍上，幾乎沒有一點共通性。從柏林頓．豪斯或南開辛頓走到卻爾西*，好像跨越了一座海洋一樣。

事實上，這道鴻溝比一座海洋還寬。縱使相隔數千英里的大西洋，人們會發現紐約格林威治村和卻爾西的人所用的語言完全相同，而這兩地的人和麻省理工學院的人交流程度也差不多，在他們眼裡，所有科學家說的話都像西藏語一樣。這不只是我們的問題，若將這個問題僅僅歸咎於我國在教育和道德上的特殊作風，有一點誇張；將這個問題歸咎於另一個英語社會的特性，也稍微低估了這個問題。總而言之，這是整個西方的問題。

我在這裡想用比較嚴肅的態度來看這個問題。我所認真思考的，不僅僅是下述這類輕鬆有趣的故事：我曾聽過一個故事，描述一位頗負盛名的牛津大學特別研究員（有人說是史密斯）應邀到劍橋大學用餐時的有趣遭遇。這事可能發生在一八九〇年代，而且可能是聖約翰日或聖三主日，日期不重要，反正史密斯當時坐在劍橋校長或副校長的右邊，他喜歡將周圍的人都融入談話裡，就算鄰座的人沒有對他的談話適時回應也無所謂。首先，他和對面的那位仁兄談了一些牛津式的趣譚，對方僅僅咕噥了幾聲；接著，他試著和他右邊的人說話，對方也只咕噥幾句。接下來的事讓他有點驚訝，其中一人對另一人說：「你知道他在講什麼嗎？」「我一點都不懂。」這下子，就連史密斯自己也糊塗了。校長想為他打圓場，就故作輕鬆地說：「唉呀！這些數學家啊……我們從來不跟他們打交道的。」

＊譯注：倫敦西南部一住宅區，為藝術家和作家聚居地。

不說笑了，我要認真地思考這個問題。我相信整個西方世界的理性生活，都已分裂成兩個漸行漸遠的極端。我所謂的理性生活，當然也包括我們實際生活的大部分，我大概是最後一位最能深刻地區分出這兩個集團的人了。我待會兒再來談談實際生活層面。兩個分處於兩極的集團：一端是文學知識份子（literary intellectuals），雖然還沒有人注意到，但是他們已經有意無意地將自己視為唯一的「知識份子」。我記得哈第*曾帶著些許疑惑跟我說：「你注意到我們現在怎麼用『知識份子』這個詞嗎？人們現在似乎賦予它新的定義，這個新定義顯然不包括拉塞福、艾丁頓†、狄拉克‡、艾德里安◎和我。這似乎有點怪異，你不知道嗎#？」

文學知識份子在一個極端，科學家則在另外一個極端，物理學家又是科學家這個極端裡最具代表性的人物。兩個集團有著無法互相理解的鴻溝，有時甚至對對方帶著討厭或敵視的態度（特別是有些年輕學者）。他們中的絕大多數人，對對方都缺乏了解。在他們心中，對方的形象非常奇怪、扭曲。他們生活態度的差異非常大，以至於在情感層次上，也缺乏共同基礎。非科學家傾向把科學家看成自以為是的冒失鬼。這些非科學家中最為人熟知的人就是艾略特。艾略特可以作為這類文學知識份子的典型人物。我們對於他想復興散文歌劇（verse-drama）的企圖沒抱太大希望，但是對他而言，如果他和他的同僚能準備好足夠的土壤，孕育出另一位基德§或格林%，他們就心滿意足了。這個態度就是這些文學知識份子的基調，既狹隘又受限制，然而這就是他們的文化中壓抑在底下的聲音。忽然，他們聽到一個更大的聲響，這個巨大聲響來自另一個極端的代表，拉塞福。他大聲疾呼著：「這是科學揚眉吐氣的時代！這是伊莉莎白時代的再興！」我們多數人都聽到了他的聲音，也聽過很多這類的宣言。我們一點也不會懷疑，拉塞福的確是在扮演過去莎士比亞的角色。然而不管是用想像的，還是靠理性分析，文學知識份子恐怕都很難了解拉塞福的說法真的很有道理。

---

*譯注：哈第（1877-1947），英國數學家。

†譯注：艾丁頓（1882-1944），英國天文物理學家、數學家。

‡譯注：狄拉克（1902-1984），英國物理學家，一九三三年諾貝爾物理獎得主。

◎譯注：艾德里安（1899-1977），英國神經生理學家。

#譯注：這是我在劍橋大學所作的演講，所以那時我提到一些辭彙時，不需要作額外的解釋。哈第是當時最著名的純數學家，也是劍橋獨樹一格的人物，不但是年輕的研究員，而且在一九三一年時，返回沙德雷營（Sadleirian）擔任數學主席。

§譯注：基德（1558-1594），英國劇作家，可能是佚失的劇本《哈姆雷特》的作者。

%譯注：格林（1558?-1592），英國詩人、劇作家、散文家，他的某些劇作是莎劇的先導。

我們可以將最缺乏科學進步精神的一段話：「世界會在人類的啜泣嗚咽中結束，而不是在人類活力洋溢的發展中結束。」和拉塞福那段著名的機智應答作比較。有人對他說：「拉塞福你這個幸運的傢伙！你總是待在學術浪潮的頂峰。」他立刻回答：「嗯！這些浪潮好像是我創造的，不是嗎？」

在非科學家根深柢固的觀念裡，科學家永遠是膚淺的樂觀主義者，對人類的處境一點兒也不了解。另一方面，科學家也覺得文學知識份子完全缺乏前瞻性，不關心自己的手足同胞，有著深沉的反智情結，甚至還焦慮地想要限制藝術和思想的進展。每個稍微有點罵人天分的人，都能在私底下提出一大堆這類俏皮責難。在雙方的這類責難中，有些並不完全是沒有基礎的，這些的確具有破壞性。然而大多數這類責難，卻奠基在錯誤而危險的詮釋上。這裡，我想談談這些責難中兩個最深沉的問題，從科學和非科學雙方各挑出一個來談。

首先，我要談科學家的樂觀主義。這個批評因為太常被提及，幾乎成為一種陳腔濫調。這是今日某些最尖銳的非科學心靈所作出的抨擊。但是，這個抨擊訴諸的基礎，混淆了個人經驗和社會經驗，混淆了生命的個人情境和社會情境。我熟識的大多數科學家，都覺得每個人的個人情境全是悲劇（他們的感受就像我熟識的非科學家一樣深沉）：我們每個人都是孤單的，雖然有時會因為愛、感動或擁有創造力的片刻，逃脫孤寂。但是這些生命中歡愉的片刻，只是我們了解生命盡頭一片黑暗時，為自己製造的幾道光亮，畢竟我們每個人都會孤獨的死去。我有好幾位科學家朋友信奉天啟式宗教，或許對他們而言，這種悲劇情境的感覺比較沒那麼強烈，但事實是不是如此，我也不知道。那些具有這種深沉悲劇感的人們，無論他們心靈多高貴多快樂（我發現心靈最高貴最快樂的人們經常擁有這種悲劇感），對他們而言，生命的某個部分就是如此。這就是我所認識的科學家，他們跟一般人沒有兩樣。

但是幾乎所有科學家都不相信（這也是我們的一線希望曙光）：因為每個個人情境都是悲劇性的，所以整個社會情境一定也是悲劇性的。我們每個人都是獨立的個體，也終將孤獨的死去。好吧！這或許是我們無法抗拒的命運，但是我們這一生中，還有很多不需要倚靠命運的時候，如果我們不能為此努力，怎麼還能算是人呢？

舉例來說，有很多人類手足都處在飢餓狀態，而且很早就死掉了。我們在面對這類問題時，最冷漠的態度就是將之視為理所當然。要注意的是，當我們深刻洞察了人們的孤寂處境之後，這具道德陷阱正等待著我們：這具道德陷阱使我們在原地踏步，使我們滿足於自己獨一無二的悲劇感，而不願對那些飢民伸出援手。

科學家這個集團，比其他集團更不易掉入這具道德陷阱，他們總是急切地找尋可貢獻一己之力的地方，常為了解決問題絞盡腦汁，直到這個問題可以被其他方式解決為止。這就是他們真正的樂觀主義，也是我們其他人最需要的樂觀主義。

反過來說，科學家自認為擁有這種站在同胞身邊奮戰到底的堅毅善良精神，也使得他們容易貶抑其他文化社群的社會態度。這樣說吧，這些科學家中，有些人的確是如此，然而他們這種貶抑態度常常只維持很短的時間，以至於不能視為他們的代表性特徵。

記得我曾被一位優秀的科學家盤問：「為什麼大部分的作家都採取一些顯然既不文明又陳舊過時，幾乎停留在金雀花王朝*時代的觀點呢？這對二十世紀多數的知名作家來說，難道是假的嗎？葉慈†、龐德、劉易斯等等，他們之中有九成以上都左右著我們這個時代的文學觀感，難道我們不常常認為他們不僅僅是政治白痴，還是邪惡政治的幫兇？不就是他們帶來的影響，促使奧許維茨集中營的出現嗎？」

我當時就在想，真理不需要為那些站不住腳的觀點辯護，到現在仍如此認為。我不需要去為葉慈辯護，葉慈不僅是一個偉大的詩人，還是一個人格高尚的人（這是依據我信任的朋友們的見解）。否認這些廣泛被接受的事實是沒有意義的。在這裡，這個問題最誠實的答案，其實就是：文學界的人實在遲鈍得欠罵。他們無能見到「某些二十世紀早期藝術」和他們所貶抑的「那些反社會情緒中最愚蠢的表達方式」二者之間具有緊密的關聯性‡。這也就是為什麼我們當代中的某些人會拒絕現代藝術，並試著為自己找出一條新的或不一樣的出路的眾多原因之一◎。

雖然這些作家確實會主導這一代的思考，但畢竟不會主導太久，或者至少不再像以前的影響如此廣泛深遠。文學界改變的速度比科學界慢多了，他們不像科學界一樣具有自我矯正的性質，所以走入歧途的時間經常更久。不過，科學家只用一九一四年到一九五〇年這段時間的證據來評判文學家，也是不大妥當的。

＊譯注：又稱安茹王朝，在一一五四年至一四八五年間統治英國的王朝。
†譯注：葉慈（1865-1939），愛爾蘭詩人，一九二三年諾貝爾文學獎得主。
‡我在《時代文學增刊》發表的〈挑戰思惟〉（Challenge to the Intellect, 15 Aug. 1958）多談了一些這個關聯性。我希望改天能對此再做進一步分析。
◎換個說法更能準確地說明我們的意思：基於某些文學上的理由，我們覺得，現在流行的一些文學形式對我們一點用處也沒有。無論如何，只要一想到邪惡荒謬的社會態度，是伴隨著流行的文學形式而來，我們這種感覺就會更強烈。

以上提到的是這兩種文化間彼此的誤解。從我開始談論這兩種文化起，我就已經提出一些批評，我大部分的科學界舊識，都認為我的批評有些道理，大多數我認識的職業藝術家，也有相同的感覺。但是，我曾被許多非科學家追根究柢地盤問過，他們都認為我的觀點太過簡化，如果真的要談的話，至少應該分成三種文化。他們不滿地認為，他們雖然不是科學家，但至少也該可以分到一些科學光環。他們所主張的三分法（也許他們比較了解這個問題，但是他們的主張卻比較沒用），既無助於近來的文學文化，也同樣無助於科學文化。普朗、布勒克和我的一些美國社會學界的朋友說，他們極力反對自己和「那些看來尚未死氣沉沉的人們」一同被趕入一個僵硬的文化框框內，或是被視為在反對社會未來的希望。

我很重視這些意見，因為「二」這個數字確實是一個很危險的數字：這也是辯證法的過程之所以危險的原因；所以不論想要將什麼事物區分為二，我們都應該抱持著懷疑謹慎的態度。關於到底要不要把兩種文化再加以細分這點，我已經思考很久了，但最後還是決定維持原案。我過去一直在尋找一個比一般流行比喻更好的區分方式，尋找比一張密密麻麻的文化地圖更簡明的區分方式；最後發現為了實用的原因，兩種文化的分法大約是恰當的，若要再作更精細的區分，將會有損它的價值。

在科學這一端，科學文化真的是一種文化，不僅就理性活動上是如此，就人類學意義而言也是如此。我的意思是說：文化內的成員間不需要彼此認識，例如，生物學家對同時代的物理學家常常只有很模糊的概念；然而，科學文化社群的人卻擁有共同的態度、共同的標準和行為模式，以及共同的方法和假設。這些相似點驚人得廣泛深遠，甚至深刻影響到他們的其他心智活動，如宗教、政治或階級。

就數量而言，我假設，跟其他知識學界比較起來，科學界裡的無神論者應該會稍微多一點，不過目前有信仰的科學家可不少，而且在年輕一代的科學家中，有信仰的比例還有增加的趨勢；同樣就數量而言，我本以為在開明的政治環境中，左傾的科學家應該也會稍微多一點，然而我們會再次發現，大多數科學家都自稱為保守派，而且在年輕的一輩裡，保守派的科學家似乎更普遍。跟其他學界比起來，英國有相當多的科學家都出身微寒的家庭，這點在美國可能也一樣*。但是如果考慮到他們的整個思想和行為時，他們的家庭背景幾乎一點也不影響到他們的共同性。跟具有相同信仰、

*這些是英國皇家學會的研究員分析各學派後得到的結果。跟調查駐外單位或英國王室法律顧問的結果相比，這些分布狀況有明顯的不同。

相同政治理念，或相同社會階級標籤的非科學家比起來，在工作和感情生活上，科學家的態度還是跟其他科學家比較接近。假設要我冒著粗略描述的危險，我想我應該會說，這些人的體內很自然地流著「未來」的血液。

他們或許會接受這種說法，或許會排斥，但是無論如何，他們確實就是如此。不但對保守主義者如湯姆孫*和林得曼†來說是如此；就算對激進的愛因斯坦和布萊克特來說也不例外。不但對基督徒康普頓‡和唯物論者伯納來說是如此；對貴族出身的德布羅意◎和羅素#，以及屬於無產階級的法拉第§來說，也一樣正確。對富家子弟的默頓或羅特希爾德來說正確；對打零工、做粗活的工人之子拉塞福來說也不假。我心裡想的文化，指的就是這個。

但是在文學文化這端，他們的態度就比較分散了。在這兩種文化之間，從物理學家的知識社群到文學知識份子的連續光譜中，很明顯地，必然存在著各式各樣的感受基調，但是我相信，完全不了解科學的文學文化這端，會嚴重影響到其他知識社群的文化。因為對科學的完全不了解（程度比我們想像得嚴重多了），使得整個「傳統」文化都充滿著非科學（unscientific）的氣氛。此外，這種非科學的氣氛常常正預備轉變為反科學（anti-scientific）的氣氛，雖然這並非我們願意承認的。如果這些科學家的血液裡有「未來」，傳統文化的反應卻是希望「未來」不存在%。真正掌控西方世界的還是傳統文化，並沒有因為科學的出現而有明顯衰微的傾向。

這個兩極化傾向對我們所有人都造成完全的損失，對我們的民族和社會也是如此；同時還造成了實際生活、智識和創造力的損失。我還要重申，以為這三方面的損失彼此毫不相干，絕對是錯誤的。不過我暫時將把焦點放在智識方面的損失。

科學和文學雙方不了解的程度，已經是老掉牙的笑話了。英國境內大約有五萬名

---

*譯注：湯姆孫（1856-1940），英國劍橋大學物理學家，電子發現人，一九〇六年獲諾貝爾物理獎。

†譯注：林得曼（1886-1957），英國物理學家，研究過熔點。

‡譯注：康普頓（1892-1962），美國物理學家，一九二七年諾貝爾物理獎得主。

◎譯注：德布羅意（1892-1987），法國物理學家，一九二九年諾貝爾物理獎得主。

#譯注：羅素（1872-1970），英國數學家、哲學家。

§譯注：法拉第（1791-1867），英國物理學家兼化學家。

%將歐威爾（Orwell, George, 1903-1950，英國小說家）的作品《一九八四》跟伯納的作品《沒有戰爭的世界》（*World Without War*）相比，前者表達了最強烈的盼望，希望未來不要存在。

現職科學家、八萬名專業工程師或應用科學家。在大戰期間，我和我的同事就跟其中的三、四萬名進行過面談，大約占了總數的四分之一。雖然跟我們面談的科學家大部分都不到四十歲，但是這個數目已經大到足夠成為公平的抽樣。從這些面談中，我們可以在某種程度上了解他們到底在讀什麼、想什麼。我必須承認，甚至像我這樣喜歡他們，尊敬他們的人，看到結果都不免有點震驚：我們沒有預料到他們和傳統文化的聯繫是如此薄弱，他們對傳統文化的態度，就像是路人碰面時禮貌地輕觸頭頂的帽子，點到為止。

如我們所預期，某些最傑出的科學家擁有龐大的精力和興趣從事閒暇之事，我們也偶然遇到一些閱讀過所有文學作品的科學家，不過這樣的人實在非常罕見。其餘大多數科學家，在被問到讀過哪些文學作品時，都會謙虛地說：「嗯！我讀過一點狄更斯。」說這話時的語氣聽起來，好像狄更斯是非常隱晦、深奧而難懂的偉大作家，好像我們談的是里爾克*。事實上，科學家心目中的狄更斯確實如此，我們甚至發現，當科學家提到文學有多難懂時，都會拿狄更斯當例子，這也是在整個面試的過程中，讓我們感到最奇怪的地方。

但是，不管是讀狄更斯還是任何一位我們敬重的作家，對科學家來說，他們只是對著傳統文化禮貌地碰碰自己的帽簷。科學家有自己的文化，這個文化密集、有活力，且持續活躍著。他們的文化包含了大量的論證，這些遠比文學界人士採取的論證更有活力，而且幾乎總是在一個更高的概念層次談論問題。科學家樂意賦予一些詞彙特殊意義，儘管文學界人士不接受這些特殊意義，但是這些意義的確存在。當他們提到「主體性」（subjective）、「客體性」（objective）、「哲學」（philosophy）或「進展性」（progressive）這些字眼時†，他們知道這些字眼指涉什麼，即使這些字眼的使用方式不符合傳統。

請記住，這些都是絕頂聰明的人，他們的文化在很多方面都是既嚴謹又令人欽佩的。這個文化不包含許多藝術的成分，但是卻有一個例外，而且是重要的例外，那就是這個文化包含音樂。言語的交流、不斷的辯難、LP唱片、彩色攝影，他們的文化

---

*譯注：里爾克（1875-1926），奧地利詩人，對西方現代文學有巨大貢獻。

†在現今科技界的用語中，「主體性」一詞表示「由主體做出的區隔」；「客體性」一詞表示「直接指涉某對象」；「哲學」一詞表示「具有普遍性的知識方法或態度」（比方說，某科學家的「導向武器的哲學」，可以引導他作出某種客觀的研究）；「進展性」工作則表示具有發展可能性的工作。

大部分和聽覺有關，有時也包含某種程度的視覺官能。他們很少閱讀。很少人能成為英雄，然而這個文化甚至認為傳統英雄在科學的等級之下。我曾經和一位科學家閒聊過，我問他平常會讀哪些書，他的回答既堅定又具有自信：「書？我比較喜歡把書當工具用。」那時我的思緒很難不神遊出去。書可以當什麼樣的工具用呢？或許是榔頭？還是原始的鋤頭呢？

科學家很少接觸書，但是對大部分文學界人士而言，書可是他們重要的麵包和奶油，舉凡小說、歷史故事、詩、劇本都是他們的生活。這不表示科學家對心理、道德和社會生活興趣缺缺。在社會生活方面，他們相較於我們大多數來說，的確比較沒有興趣。在道德方面，他們大體上是所有英國知識份子中最完美的一群人。或許，有一個重要的道德元件正好在科學的核心，這點等一下會提到，此外，幾乎所有科學家都會培養他們自己對道德生活的判斷。他們跟我們多數人一樣，對心理學很有興趣，雖然他們只偶爾接觸心理學。我認為這是因為他們接觸心理學的時間比較晚，但是這並不表示他們對心理學興趣缺缺。問題在於他們認為傳統文化的所有作品和他們的這些興趣毫無關聯。這是大錯特錯的。結果，他們原本可以擁有「對事物充滿創造力的理解」，比他們真正擁有的少多了。不閱讀傳統作品的結果，是他們自己耗盡了自己的創造力。

文學界這邊的情況如何呢？他們也同樣沒有創造力，或許情形更為嚴重。因為他們更愛炫耀自己創造力的貧乏。他們仍然喜歡假裝傳統文化就是「文化」的全部，就好像自然定律完全不存在。對他們而言，彷彿研究自然定律本身或研究自然的結果，一點也無法引起他們的興趣；彷彿物理學世界的偉大科學成就，在智識深度、複雜度和清晰有力的程度上，不是人類心靈所創造出來最漂亮、最令人讚嘆的集體創作。大多數文學界人士對這些科學成就都沒有概念，即使他們想擁有一些概念，也無能為力。這就好像在一個廣泛的智識經驗程度上，這一整個集團都是音樂白痴。除非這種音樂白痴的狀況是天生的，否則就是來自某些訓練，或是缺乏某些訓練所造成。

既然是音樂白痴，他們就不會了解自己錯過了什麼，當他們看到那些沒讀過英國重要文學作品的科學家的相關報導時，他們都會同情地訕笑，把這群科學家看成是無知的專家；其實他們自己的無知和狹隘，才真的讓人驚訝。我曾經跟傳統文化的大師們聚會過很多次，這些被認為學識淵博、相當具有藝術熱忱的人，都曾說過科學家的無知。我被這種態度激怒過一、兩次，於是就反唇相譏地問他們，有誰能解釋何謂熱力學第二定律。他們的反應很冷淡，當然他們無法回答，其實我問他們這個問題，就跟他們問科學家：「有沒有讀過莎士比亞的作品啊？」意義相同。

我現在相信就算問文學家一個比較簡單的問題，例如：「你能解釋何謂質量或加速度嗎？」這跟問科學家：「你會讀文學作品嗎？」的意義一樣——這些高學歷的文學家，十個裡面一定有九個聽不懂我說什麼。現代物理雖然做出了偉大的貢獻，但是西方世界裡有大多數最聰明的人，對這些貢獻的了解，竟然跟他們新石器時代的老祖先不相上下。

再提一個問題就好，這也是令我的非科學家朋友覺得最難堪的問題。在劍橋大學，科學家和非科學家每天晚餐時都會碰面＊。大約兩年前，科學史上最讓人驚喜的發現出現了，我指的不是人造衛星，因為人造衛星讓人興奮的原因不太一樣，那是人們運用現有知識的勝利以及人類組織能力的成就。不過我不是說這個，我說的是哥倫比亞大學的楊振寧和李政道的發現†。這是最美麗、最富創造力的一項作品，這個發現如此令人驚訝，讓人們幾乎忘了他們的想法多麼美麗。它讓我們重新思索物理世界的某些基本原理。直覺和常識，精巧平衡地出現在他們腦海中，於是就得到了我們所知道的「宇稱不守恆原理」。如果兩種文化間有任何嚴謹的溝通，這個實驗應該就會在劍橋大學的每一張高桌上受到熱烈討論，不是嗎？我當時不在這兒，不過我很想知道當時真正的情況是不是如此。

沒有一個這兩種文化可以對話的地方，我不在這裡浪費時間表達我的遺憾。因為真正的後果比遺憾糟多了，要不了多久，我們應該就能看到實際的惡果。在我們的思想和創造力核心，我們正在讓一些最好的機會白白溜走。這兩個學門、兩個領域、兩種文化間（你也可以說是兩個銀河，他們之間的距離，就好像兩條銀河那麼遠）的衝突之處，應該最能激發我們的想像力。在人類心智活動的整個歷史，這些衝突正是某些重大突破發生的地方。現在正是大好時機，但是因為兩種文化裡的人都無能和對方交談，那些該是創意發生的所在竟然空洞無物。真奇怪，為什麼二十世紀科學鮮少被寫入二十世紀的藝術之中。過去我們偶爾會發現詩人有意識地用科學辭彙寫詩，雖然他們常常搞錯辭義。曾有一段時間，「折射」這個詞以一種神祕的風格出現在詩作中；「極光」則被過去的作家幻想為一種令人尊敬的光。

當然，這絕不是科學優於文學的地方，科學必須被我們整個心智經驗吸收，成為

＊幾乎所有學院餐廳貴賓席的座上賓，都包括了科學和非科學領域的學者。

†譯注：楊、李二人共同提出弱相互作用中宇稱不守恆原理，獲一九五七年諾貝爾物理學獎。

整個心智經驗中的一部分，就像其他心智部分一樣地被人們自然使用。

我之前提過，文化間的分裂不是英國才有的現象，而是普遍存在整個西方世界。但是這個問題在英國似乎特別嚴重，可能有兩個原因導致這種結果：一是因為我們瘋狂地信仰教育專業化，這個觀念在英國根深柢固的程度，比東、西方世界的任何一個國家都嚴重；二是我們有一種固定社會形態的傾向，我們愈是致力消除經濟不平等，這個傾向就愈來愈強，而非愈來愈弱，這尤其展現在教育上。這個意思就是說，如果有任何像文化分裂這樣的事發生，那麼所有的社會力量都不會朝消弭鴻溝的方向努力，反而會希望加深這個鴻溝。

這兩種文化在六十多年前就已經危險地分裂了。早期的保守黨領袖，如索爾茲伯里首相*，在哈特菲爾擁有自己的實驗室；另一位保守黨領袖貝爾福†，則對自然科學有超乎業餘的興趣；約翰·安德森在第一次擔任公職之前，曾在萊比錫做過一些無機化學的研究，他同時跨足了不同的學科領域。這些在今日絕不可能發生‡。社會菁英這種程度的角色互換，在今日我們不太可能或者根本無法想像◎。

事實上，現在年輕一輩的科學家和非科學家之間，溝通交流的機會甚至比三十年前還要少。雖然兩種文化間的對話在三十年前就已經停止很久了，但是當時他們相遇時，還是會露出禮貌性的微笑；現在這種禮貌消失了，他們只會做些鬼臉。年輕一輩的科學家不僅感覺到他們所屬的文化正在起飛，還感受到另一種文化則正處於日薄西山的狀態；而且更苛刻地說，這些年輕的科學家知道，他們大體可以得到一個舒適的工作，而那些研究英文或歷史的同儕，再怎麼幸運，也頂多只能拿到他們六成的薪水。沒有一位年輕又有點天分的科學家會感覺到他們不被需要，或者覺得他們的工作荒謬得如同《幸運吉姆》#中的英雄。事實上，阿米斯和他的同事最惹人非議的地方就是：他們竟然不專心研究科學，而去搞那些學非所用的藝術研究。

＊譯注：索爾茲伯里（1830-1903），曾任多種外交要職，並三次任首相，推行帝國主義擴張政策。

†譯注：貝爾福（1848-1930），一九一七年發表「貝爾福宣言」，支持猶太復國主義。

‡他在一九〇五年做這些研究。

◎英國社會的管理階層有一種緊密的特質，就是「人人彼此認識」，也就是說，英國的科學家和非科學家比其他國家的人更容易彼此認識。而且根據我的判斷，跟美國比起來，英國主要的政治家和行政官員，都在知識和藝術上有很廣泛且精力蓬勃的興趣，這兩項都是我們的資產。

#一九五四年出版的小說。主人公是一位教授中世紀歷史的講師，故事描繪他面對虛偽的學術圈、戰後附庸風雅的社交生活而麻煩不斷，體驗了生活的荒謬滑稽。

解決所有問題的方法只有一個，那就是重新思考我們的教育。我們國家的教育太過專門化，這點幾乎所有人都同意，但是幾乎沒有人認為我們可以改善這種情形，其他國家的人也像我們一樣，對自己國家的教育不滿，但是他們卻不會像我們這樣認命。

美國十八歲以上受教育的人口比例比我們多，教授內容也遠較我們廣泛，此外，沒有國家比他們的教學更為嚴謹了。他們了解到：他們希望在十年之內能夠有效地處理教育太過專門化的問題，儘管他們已經沒有那麼多時間。蘇聯受教育的人口比例也比我們高，他們的教授範圍比我們廣得多（認為蘇聯的學校教育非常專門化，是一種西方迷思），但是也太過嚴格*。他們了解教育專門化的問題，而且也開始著手改善。在斯堪地那維亞半島上，尤其是瑞典，他們比我們做了更多明智的努力，雖然他們為了實際的需要，花了太多時間在學習外國語言，這麼做確實不大好，但是他們處理這個問題的方法是正確的。

我們呢？我們是否因為太過講求實用具體，而缺乏靈活了呢？跟校長們談談，他們會說我們教育的專門化真的非常積極，好像地球上沒有其他可做的事了，而這一切全是由牛津和劍橋的獎學金考試所支配。如果真是如此，我們就會想，牛津和劍橋的獎學金考試的制度並不是完全不能改啊！但是如果我們以為這是件容易的事，就低估了這個體制錯綜複雜的自衛能力。英國教育史上的所有教訓都告訴我們，我們只有加深專業化的能力，而無能減少它。

不知怎麼，英國一直將她的任務設定在培養擁有某種學術技能的一小撮菁英（數目比例遠小於任何和我們國力相稱的國家）。劍橋大學這一百五十年來，所培育出來的菁英份子，一開始是數學家，再來是數學家或古典文學家，接著就是自然科學家，反正無論如何，每代似乎就只能選擇培養一種菁英份子。

這個培育菁英的過程已經積重難返，我也已經提過，為什麼這種教育方式對活力蓬勃的文化來說是一個悲慘的過程。我將繼續說明，為什麼我認為如果我們要在這個世界中實現我們具體的目標，教育專門化將會帶來致命的結果。在整個英國史上，我只想到一個抗拒心智訓練專門化成功的例子。

這是五十年前在劍橋發生的案例，當時歷史悠久的數學優等競試（Mathematical

＊我試著比較美國、蘇聯和英國的教育制度，主要內容刊載於〈順應新世界的新思潮〉（New Minds for the New World, *New Statesman*, 6 Sep. 1956）。

Tripos）的名次等級終於遭到廢除。經歷了超過一百年，優等競試的本質早已經充分具體落實。爭奪頂尖好手的寶座及其伴隨可得的職業競爭，已經更為激烈。在大多數學校裡，當然也包括我們學校，如果有人得到一項競賽的冠軍或亞軍，就會立刻被推舉為學院研究集團的成員。整個考試訓練制度都已經建立起來，擁有像哈第、李特伍、羅素、艾丁頓、京斯*、凱因斯†這般資質的人，都會為了參加一場難度極高的激烈競試，參加為期二到三年的訓練。大多數的劍橋人都以參加這個訓練為傲，就像幾乎每個英國人都以英國目前的教育制度為傲一樣，不在乎這個體制究竟是什麼。如果你看過那時的小傳單，你就會發現，當時他們為了保留這個考試做了極其熱烈的辯護，把這個考試講得好像永恆真理。他們認為，這是唯一維持標準的方法，這是唯一公平的能力測試，當然也是世界上唯一最嚴謹客觀的考試。今天如果任何人想要建議獎學金考試並非不可改，他們一定也會使用以前這類語言來辯護。

事實上，除了一個問題之外，數學優等競試從各方面來看都很完美，但是這個問題卻非常值得注意。問題很簡單，也就是哈第和李特伍那些年輕有創造力的數學家一再強調的：為了考試所作的訓練，毫無智識價值可言。他們也曾做更深入的研究，結論是：這個優等競試，扼殺了英國一百年的嚴謹數學，使其了無生氣。然而，即使在學院的辯論裡，這些批評也如船過水無痕，學院依舊自行其是。令我印象深刻的是，劍橋在一八五〇到一九一四年間的制度可要比現在有彈性多了。如果這個老的、僵硬的數學優等競試仍然深植在我們心中，我們是否曾想把它廢除掉呢？

知識份子是天生的盧德份子

兩種文化之所以存在，原因很多，既深沉又複雜，有些根源於社會，有些則根植於個人過去經驗，還有一些則來自於各種心智活動本身的內在動力。但是我要單獨指出一個造成文化分裂的原因。這個原因可以很簡單地表示出來，而且它本身的確也很簡單，我們先拋開沒多少人願意承認科學是一種文化這件事不談：西方世界的知識份子，從來不願嘗試，也不意圖，或者根本不想了解工業革命這碼事，更甭提接受工業

＊譯注：京斯（1877-1946），英國數學家、物理暨天文學家。

†譯注：凱因斯（1883-1946），英國經濟學大師。

革命了。我們會發現，知識份子，尤其是文學知識份子，就是天生的盧德份子*。

這點在英國尤其正確，工業革命雖然在我國開始得比其他國家都早，但是我們卻從沒有認真面對它。這個理由或許可以用來解釋我們目前為何太過講求實用。但是，令人驚訝的是，只要稍微修正一點點，這個現象也同樣發生在美國。

在英美兩國，事實上是所有西方國家裡，第一波工業革命都是無聲無息地展開，沒有人注意到究竟發生了什麼事。當然，工業革命是自發現農業以來最大的社會變革，或者至少在我們的時代，在我們的眼裡，這是注定要發生的變革。事實上，農業革命和工業－科學革命，是人們目前為止唯一知道的兩次社會生活本質的改變。但是傳統文化卻沒注意到，或是他們注意到了，卻不喜歡他們所看到的工業科學革命。傳統文化並不是沒有從工業革命中獲得好處：英國教育機構就利用了英國十九世紀累積的財富，這筆財富不光明地幫助他們成為目前我們所知道的形式。

幾乎沒有任何一個有天分的人，沒有一個有想像力的人，回頭去了解為他們製造財富的工業革命。傳統文化變得愈富裕，他們也就愈遠離工業革命，他們訓練年輕人的目的，是為了管理，為了印度帝國，為了維持他們的文化延續；卻不管怎樣也不訓練這些年輕人去了解工業革命或參與這場革命。但是在十九世紀中葉之前，有遠見的人已經漸漸開始發現，如果英國想要繼續創造財富，就必須訓練科學方面的人才，特別是應用科學方面。沒有人聽這些建言，傳統文化更是完全聽不進去，就連那些純科學家，也不是很認真在聽這些建言。你可以在艾瑞克．艾胥彼的《技術與學術》中讀到這個故事，這個精神仍然延續到今日†。

學院和工業革命，在以前一點關係都沒有。基督學院的老院長科利，曾談到火車在星期天駛入了劍橋，他說：「我和上帝都對這件事感到不高興。」

十九世紀的工業中，如果有任何的好發明，都是一群怪人和聰明的工人想出來的。美國的社會史學家曾告訴我，美國的情況也是如此。工業革命在美國新英格蘭展開時，比我們晚了五十多年‡，這場工業革命的主角，很明顯是那些沒受過什麼教育

---

*譯注：Luddite，為一八一一至一六年間於英國諾丁罕郡、約克郡與蘭開郡摧毀新引進的紡織機的工人組織，該行動領袖為盧德（N. Ludd），故稱之。這些成員認為新式機器將導致工人的失業。「盧德派」因而衍生為指稱阻撓一切技術革新的行為或團體。

†這本書是討論這個主題最好的一本書，幾乎也是唯一討論這個主題的書。

‡美國的工業發展非常快。英國在工業生產力方面的某顧問委員會，早在一八六五年就到美國去了。

的天賦優異之輩，即使到十九世紀也是如此。和這場工業革命密切相關的是一些天資洋溢的手工製造業工人，像是亨利．福特。

我們對德國的情況很好奇，在一八三〇和四〇年代，早在劇烈的工業化開始之前，德國已經有專門教授應用科學的大學教育，比英國和美國可以提供給兩個世代的資源都好。我還沒有詳細去了解為什麼德國的這些努力無法在德國本地開花結果。法院伙食承包人之子路德維格．孟德，到海德堡學了一些應用化學；普魯士通訊官西門子，在軍事學院和大學念完當時電機工程方面最精闢的課程。這兩個人後來到了英國，放眼一看，英國完全沒有他倆的對手，所以又找了德國其他受過相同教育的人來，然後在英國發了大財，就好像找到了一個富有又無知的殖民地一樣。同樣地，德國科技人員也在美國發了大財。

幾乎每個地方的知識份子，都不能了解到底發生了什麼事，作家當然也不知道，他們中的多數人只會厭惡地跑開，好像一個人的正常反應就是退出這場改革。像魯斯金[*]、莫里斯[†]、梭羅[‡]、愛默生[◎]、勞倫斯[#]等人，都對科學有著各式奇想，但他們的影響甚至比不上驚聲尖叫一聲。我們很難去想像：真正擁有想像力和同情心的一流作家，即使看到了醜陋的後街和冒著黑煙的煙囪等這些必然的代價，也應該能夠看到這場革命將帶給窮人未來生活希望，將影響他百分之九十九同胞的生活。但是除了少數幸運的作家之外，其他作家幾乎對這些都一無所知。十九世紀的一些蘇俄小說家原本可以充分了解這場革命，他們的作品主題非常廣泛，但是只因為他們住在尚未工業化的社會裡，而喪失了這個機會。世界級的作家中，唯一能了解工業革命的，大概要算是老年的易卜生§，而且好像很少有這個老人不懂的東西吧。

當然，唯一的真理是簡單易懂的，工業化就是窮人唯一的希望。我是以一種淺顯平常的方式在使用「希望」這個詞彙。我並非像其他人一樣，以一種過度精緻的道德意涵在使用這個詞。「物質生活的提升不那麼重要」的這種看法，對我們英國人而

---

*譯注：魯斯金（1819-1900），英國藝術評論家、社會改革家。

†譯注：莫里斯（1834-1896），英國詩人、畫家、工藝美術家。

‡譯注：梭羅（1817-1862），美國作家，超驗主義運動的代表人物，主張回歸自然。

◎譯注：愛默生（1803-1882），美國思想家、散文作家、詩人，強調人的價值，提倡個性絕對自由和社會改革。

#譯注：勞倫斯（1885-1930），英國作家，集自然主義、現實主義、神祕主義於一體。

§譯注：易卜生（1828-1906），挪威劇作家、詩人，以社會問題劇著稱。

言，很好也很優雅。就個人的選擇而言，如果你願意當個當代的華爾騰*那樣去拒絕工業化也很好。你如果真的心甘情願，不需要吃太多食物，寧願眼睜睜地看著自己的孩子夭折，也不屑知識帶來的舒適生活，就算自己減壽二十年也不在乎，我當然欽佩你這種美學式的隱遁†。但是如果你想要強迫那些沒有自由選擇能力的其他人，跟你做相同的選擇，那我可就一點也不佩服你。他們到底會選哪一條路，我想你我都很清楚。每個國家的窮人只要有機會，只要工廠願意僱用他們，這些窮人就會在第一時間走進工廠，我想每個人都會同意這一點。

我記得孩提時代曾跟祖父聊過天。他是十九世紀典型的工匠，非常聰明，品德非常高尚，雖然他十歲就離開學校，但是卻非常積極地繼續學習。他是當時典型的工匠階級，對教育充滿熱忱，但是運氣不好，從來沒能繼續接受學校教育。也許像我現在懷疑的，是因為他沒有什麼靈活世故的手腕，所以才一直未能如願受教育。事實上，他最高的職位也只有做到電車維修站的領班，在他孫子的眼中，他的一生辛苦得令人無法置信，沒有任何回報。但是他自己可不這麼想。他是一個太過通情達理的人，沒能知道他沒有受到應有的對待；他對自己太過自得，沒有產生過任何合理的仇恨；他甚至對自己未能付出更多感到失望。如果跟他的祖父比起來，他覺得自己可做了許多事。他的祖父應該是一名農夫，我不知道他的教名，只知道他是「沉默的一群」中的一份子，就像所有老蘇俄自由黨稱呼的，他們全都沒沒無聞地成為歷史的爛泥。祖父對他僅存的印象，就是他既不會寫也不會讀，但是祖父認為他應該是個有才能的人。祖父非常不諒解社會對他的祖先所做過或沒做過的一些事，也不諒解社會未能使這些祖先的生活成為傳奇。在十八世紀中期和末期當農人，可不是一件有趣的事。自負傲慢的我們，只要想到這個時代，滿腦子就只有啟蒙運動和珍．奧斯汀。

從不同角度來看，工業革命就會不一樣，卻爾西的人和亞洲某個鄉村的人對工業革命的看法肯定非常不同。對我祖父這樣的人來說，毫無疑問，工業革命帶來的影響一定是好的。對他而言，唯一的問題，就是如何讓它更好。

我們比他當年對工業革命有了更多的體會，以這些體會而言，現在困擾我們的仍是我祖父的這個問題。在一些進步國家裡，我們已經大致了解舊的工業革命會帶來什

---

*譯注：華爾騰（*Walden, or Life in the Woods*），又稱《湖濱散記》，梭羅在一八五四年所寫的一本觀察自然的哲學著作。

†知識份子寧願住在十八世紀斯德哥爾摩的街上，也不願住在小村落裡，關於這點，我應該很能理解。但是他們要阻止小村落的建設，我就無法接受了。

麼。應用科學和醫學聯手出擊，為人們提供了完善的醫療照顧，而使得人口大量增加；因為相同的理由，它使得糧食充足；每個人都因此會讀會寫，因為這是工業社會運作所必須具備的基本條件。沒有哪個改革能像工業革命一樣，可以把健康、食物、教育帶給非常窮的那群人。這些是最基本的收穫。當然，它也讓我們失去了一些東西*，其中一個缺點就是，社會為了工業而高度組織化的結果，使得全面的戰爭也更容易組織起來。但是它所帶來的利益仍然重要，這些利益是我們社會的希望之源。

最後讓我們回過頭來想一想，我們是否都了解工業革命是如何發生的？我們是否已經開始去了解那些舊的工業革命？更不用說是我們現在身處的新科學工業革命了。我們已經知道的，永遠都不足。

科學革命

我剛才提到了工業革命和科學革命之間的差異，雖然這兩者的區別沒有明確的分界，但仍是個很有用的區分，現在我應該來定義它們的差異到底是什麼。工業革命，就是使用愈來愈多的機器，工廠僱用男女工人，國家的主要勞動人口從農夫變成在工廠製造東西以及分配製成品的人。我提到的這些改變，都在不知不覺中發生了，學院對它非常冷漠，甚至惹得盧德份子憎恨，我所指的盧德份子包括了真正的盧德份子和知識份子。這場工業革命，對我而言，牽涉到我們對科學和美學的態度。我們只能約略地估計，工業革命出現在十八世紀中期到二十世紀初期。由於它，出現了另一個革命，這第二個革命和第一個關係非常密切，但是更深遠地科學化，革命的速度更快，影響也可能遠比工業革命巨大。這場革命之發生，來自於真正的科學應用到了工業領域，而不再用瞎摸瞎撞、土法煉鋼的方式。這次革命不再來自於一些怪異「發明者」的創意，而是一些具有真才實學的人一手推動的。

為第二次革命找出它發生的時間，在很大的程度上是個人喜好的問題。有些人比較傾向於把第二次革命的起點，定位在第一次大規模的化學或機械工業出現時，也就

＊我們要記住，工業革命確實讓我們失去了一些東西，就像人們從漁獵和採集的社會進入農業社會時一樣，不過工業革命的影響可能會散布得更廣、持續更久。對某些人來說，工業革命確實會讓他們的精神生活更加貧乏。

是出現在大約六十年前。但是我卻更進一步地將它限制在三、四十年內，我的粗略定義是把起始點定在我們第一次把原子用在工業用途上的時候。我相信電子學、原子能、自動化的工業社會，跟過去舊式的工業社會比起來，有相當大的差異，而且會使世界改變更多。在我看來，這個轉變可以夠資格稱為「科學革命」。

這是我們生活中的物質基礎，更確切地說，就是構成我們社會的基本元素。可是我們對於它的發生竟然幾乎一無所知。我說過，早期非科學文化裡的高級知識份子，連最簡單的純科學概念都搞不懂，只是想不到他們連應用科學都排斥。有多少受過教育的人，知道任何老式或新式的生產工業？什麼又是機械工具呢？我曾經在一個文學集會上問過這些問題，與會人士看來都用詭辯混過去。但是除非我們能搞清楚這些問題，否則工業生產永遠都會像巫醫一樣神祕。就拿鈕扣來說吧！鈕扣可不是什麼複雜的東西，每天都有上百萬顆鈕扣製造出來：然而除非你是個合理的盧德份子，否則你不會認為製造鈕扣是件值得尊敬的事，我敢保守地估計，劍橋大學今年十人中有一人，無法分析我們社會究竟需要什麼基本物品，連粗略的分析都做不到。

美國的情況可能比我們稍微好一點，他們對工業的了解更廣泛。我現在想想，忽然發現美國沒有一個小說家曾經假設他們的讀者了解工業，不管是哪個階級的作家。

他們最常描述的，就是類似封建制度下的社會，例如舊時代的南方社會裡最低階層的勞動人民，因為他們都假設自己的讀者對這類社會很熟悉，而不熟悉工業社會。當然，英國小說家不該也這麼做。

生產組織裡的人際關係是最微妙有趣的。他們非常虛偽，他們的人際關係像是身處於一連串命令所形成的金字塔結構，好像在軍隊裡的一個單位或政府中的一個部門裡。事實上，他們的關係還要更複雜些。任何習慣於命令服從的人，一旦涉入工業組織，仍舊會茫然。沒有人知道，工業組織裡的人際關係應該要如何，這是一個幾乎和總體政治無關的問題，卻是直接由工業生活引發的。

我覺得，符合實情的說法應該是，大多數純科學家也對生產工業一無所知。把純科學家和應用科學家全歸入科學文化是可以，不過可別因此忽略了他們之間的差異，這個差異可不小。純科學家和工程師常會完全誤解對方，他們的行為非常不一樣：工程師生活在一個有組織的社群內，無論他們的外表看來多麼奇怪，他們仍然要擺出一副有紀律的臉孔。純科學家可不同，二十多年前就有人統計過，跟其他行業的人比起來，純科學家中政治激進份子的比例最高，直到現在他們還是如此左傾；在政治方面，工程師則大部分都是保守份子，但也不像文學家那樣極端保守。他們是如此醉心於製造東西，現在的社會秩序對他們來說通常已經夠好了。

在純科學家眼中，大部分的工程師和應用科學家都很愚蠢，不懂得找樂子。他們認為這些工程師不知道：許多問題就像純科學問題一樣在智識上極為嚴謹，許多答案應該是漂亮又令人滿意的。他們本能地把應用科學家都視為二流貨。他們的這個本能，在英國，或許被「他們那種想要盡可能地找到一個新現實勢利階級的熱情」所膨脹，就算這個階級不存在，他們也要捏造出來。我將這件事批評得如此尖銳，是因為三十年前，我也是這類純科學家中的一群。我們不欣賞當時劍橋年輕研究工人的思想氛圍。我們對自己所研究的科學在任何可以想得到的情況下沒有任何實際的用途，感到自豪。一個人愈能堅定地這麼認為，他就愈感到自己的優越。

對於工程學，拉塞福自己也沒有什麼特殊意見。他常用一個令他無法置信又令他敬仰的故事，來說明工程學多讓他驚奇：卡皮查*曾寄過一張工程製圖給馬秋維奇的工程師，然後這個工程師竟然像魔術師一樣，按著這張圖把卡皮查要的機器作出來，還寄到卡皮查的實驗室去！他對考克饒夫†的工程學技術也是印象深刻，他曾靠這份技術爭取到工程學方面重要的補助金，金額高達六百英鎊呢！一九三三年，也就是拉塞福去世前四年，他堅定而清楚地表示，他不相信原子核內的能量會被釋放出來，九年後，在芝加哥，第一座核反應爐就開始運作。這是拉塞福做過的唯一一個重要的科學判斷失誤，很有趣的是，這也是純科學轉進應用之路的重要轉折點。

純科學家從前對社會事實一直沒有太多理解和敏感度。然而，由於某些不得不然的理由，他們發現了工業其實不難了解、很容易學。在大戰期間，為了某個莊嚴肅穆的理由，數量龐大的科學家必須去學習有關生產工業的事物，這件事卻打開了他們的視野。我自己也因為工作需要，必須對工業深入地了解，這卻成為我一生受的教育中最有價值的部分之一，可惜我直到三十五歲才開始了解工業，我實在應該更早認識它的。

這件事讓我開始回頭檢視我們國家的教育制度，我們的教育為什麼不配合科學革命呢？為什麼其他國家可以做得更好？我們要如何面對我們的未來呢？不管是文化上，還是實際生活的未來都一樣。我相信現在這兩種文化間的爭論，必然會導致相同

＊譯注：卡皮查（1894-1984），蘇聯低溫物理學家，一九七八年諾貝爾物理獎得主。

†譯注：考克饒夫（1897-1967），英國物理學家，和 E. T. S. Walton 開創用粒子加速器研究原子核的方法，共獲一九五一年諾貝爾物理學獎。

的結果。一個只考慮知識生活，另一個只考慮實際的社會生活，它們最後都會把教育帶上不歸路。

我並沒有佯稱哪個國家的教育已走上康莊大道，在某些方面，就像我之前提過的，蘇俄人和美國人都比我們對自己的教育制度更不滿，也就是說，他們都採取了更激烈的手段改造教育。這當然是因為他們對自己生活的世界感覺更敏銳。對我而言，雖然他們二者都尚未找出正確的答案，但是我從來不懷疑他們比我們更接近答案。我們在某些方面遠比他們做得好。在實行教育技術上，我們確實比他們有天賦；但是在思考教育的策略上，跟他們比起來，我們就好像是在兒戲一樣。

從我國、美國、蘇俄三個不同的教育系統中，我們可以看出一點端倪。我國十八歲以上的孩子，還在接受教育的比例很低，至於教育程度在大學以上的，比例當然就更低了。我國只想要教育出一小撮菁英的教育模式，雖然已經有些式微，但還未被打破過。由於這個教育模式，我們對於教育專門化一直有舉國的熱情。我們嚴格地訓練聰明的年輕人到二十一歲，努力的程度雖比不上蘇聯，卻勝過美國。我們的科學專家在十八歲時，對科學的認識比世界各地的同儕都多，不過他們對其他方面的認識可就比不上其他國家的同儕；到了二十一歲，當他們拿到第一個學位時，他們其他方面的素養可能仍然只有一歲的程度。

美國的教育制度可就完全不同了，他們讓所有人民都能受教育到十八歲*，完成高中教育。這段教育很鬆散，內容卻很廣泛。他們主要的問題在於，如何在鬆散的教材裡，加入一些嚴謹的知識，特別是一些基本的數學和科學知識。他們十八歲後進學院繼續升學的比例很高，這段大學教育，像他們的學校教育一樣，教育內容遠比我們分散且不專業化†。四年後，他們的莘莘學子也不會像我們的大學生一樣受過很好的專業訓練。我想以下的評論應該算公平：由於這種鬆散的教育，他們最優秀的份子之中有更高的比例能維持創造的熱情。美國真正嚴格的訓練是在博士班，他們的學生在這個階段必須付出的努力，忽然變得比我們多得多。他們每年有資質拿到科學和工程方面博士的人，竟然跟我們好不容易培育出來的大學畢業生人數相當，這點實在值得我們好好深思。

---

*這並不完全正確，因為某些州的高等教育發展更完善，例如，威斯康辛州有百分之九十五的孩子可以進高中接受教育到十八歲以上。

†美國是一個複雜多元的社會，他們的學院水準遠較我們的大學參差不齊。有些學院的水準非常高，不過一般說來，他們普遍的水準應該都還不錯。

蘇俄的高等學校教育，也不像我們專門化得那麼厲害，不過倒是比美國嚴重多了。對於不打算從事學術研究的學生來說，教材似乎太難懂了點，所以他們目前正試著著手修改十五歲到十七歲這個階段的教育方式。目前為止，他們所有的中學生都得學習某種歐陸公立中學的課程，其中科學和數學占了恰當比例，超過全部課程的百分之四十。他們在中學必須修習所有的科目，但是到了大學，卻忽然大幅中止這種通才教育，在大學五年教育的後三年，他們教育專門化的傾向甚至比我們更嚴重。也就是說，大部分的英國大學生，能在畢業時拿到機械工程學位；但是在蘇俄，大量畢業生拿到的是機械工程這個學門中的某部分學位，例如空氣動力學學位、機械工具設計學位，或內燃機引擎製造學位。

雖然我相信蘇俄這麼做是過頭了，不過，他們不會聽我的勸。我覺得他們訓練出來的工程師有點太多了，甚至比世界上其他國家的工程師總數還多，大約占全世界工程師總數的百分之五十以上＊。雖然物理和數學是蘇俄發展的重頭戲，但是他們訓練出來的純科學家，也只比美國稍微多一些。

英國的人口不像美國和蘇俄那麼多，但是如果粗略地以比例來比較，並且把科學家和工程師合在一起看，如果我們英國在特定的人口中訓練出一個具有某種專業等級的人，美國僅在一半的人口裡就會訓練出兩名專業人士，蘇俄則只要四分之一的人口就會訓練出兩名專業人士†。其中，有某個國家走錯了路。

只要他們稍微修正一點，我相信蘇俄對情況的判斷是明智的。他們對科學改革認識得比我們和美國都深入。在他們國家裡，兩種文化間的差距似乎不像我們這麼大，舉例來說，我們讀當代蘇俄小說就會發現，他們的小說家會假設讀者對工業社會都有基本的認識，而我們的小說家卻不會這麼想。純科學家並不常出現在蘇俄的小說中，他們即使出現，看起來也不比書中的文學知識份子快樂；不過他們常會提到工程學。蘇俄小說對工程師的接受程度，就像美國小說接受心理學家那樣高。蘇俄小說家隨時可以在作品中大談生產製造過程，就像巴爾扎克‡大談手工製造過程一樣。我不想過度強調這麼做的重要性，但是這麼做可能真的很重要。在這些小說中，有一點也似乎

＊美國每年拿到工程師資格的人數，正在急速下降中，不過關於這個問題，我還沒聽到適當的解釋。

†英國、美國、蘇俄每年訓練出來的碩士（科學家和工程師加在一起）的最新數據分別是：13,000、65,000、130,000。

‡譯注：巴爾扎克（1799-1850），法國小說家。

很重要，小說背景中的人們，總是一直處在對教育充滿熱情的信念中。他們人民對教育的信念，就像我祖父一樣強，他們信仰教育的理由也和我祖父一樣，混合了理想主義與「麵包－奶油」。

總之，蘇俄已經推算過，如果想要在科學改革中脫穎而出，一個國家需要哪些類人才，也算出了所需的數量*。我的確把問題過分簡化了，但是他們的估算（至少在我看來，是非常接近正確的）就是如此：首先，國家應該盡其可能迅速培養出頂尖的科學家。目前沒有一個國家擁有很多頂尖科學家。對這些天才來說，只要有學校和大學存在，要教他們些什麼，並不重要，因為他們自然知道自己要什麼†。按照比例來算，我國的頂尖科學家至少跟蘇聯和美國一樣多，這也是我們最不用擔心的地方。其次，要有遠比目前數量更為龐大的一流專家階層，我指的特別是那些準備做研究助手、高階設計和發展的人。在品質上，英國這一層專家階級，跟美國和蘇聯比起來毫不遜色，這也是我們的教育機器擅長生產的人才。但是數量上，仍舊以人口比例來看，我國的這一層專家階級，還不及蘇俄認為他們需要且確實有能力培養出來的人數的一半。第三種要培養的人才，他們的教育程度是自然科學或數學優等競試的初級程度，或者更低。他們有些人會從事次級的科技工作，但是有些人則要負起主要的責任，特別是人事管理這類的工作；至於要分配什麼的工作給他們比較適合，端視他們從學校教育中培養出哪些不同的能力而定。科學繼續改革下去，未來將會需要這些我們還沒有想到的人才，不過蘇俄已經想到了。未來我們會需要成千上萬這類人才，這些人需要大學教育裡所有人文發展的課程‡。英國在這方面幾乎沒有知覺。第四，也是最後一點，政治家、行政管理人員，甚至整個社群，都要有足夠的科學素養，能夠了解科學家在說些什麼。

＊三分之一的蘇俄碩士工程師是女性，但是我們卻一直覺得認為女性不適合從事科學工作，這也是我們幹過的眾多蠢事之一。實在沒什麼好狡辯的，我們將那些有天分的人們用性別分成兩種。

†如果能夠研究本世紀一百多位在科學界具創造力的人物接受過什麼教育，我們一定可以獲益良多。我的感覺是，他們之中沒接受過最嚴格的傳統訓練的比例高得驚人，如劍橋物理學系第二組。

‡英國想為需要這些教育的人辦一個次級大學的機構，這實在是有欠考慮，因為這樣做絕對會為他們貼上次級水準的標籤。從較窄的專業標準來看，美國工程師所受的訓練沒有英國科技學院的嚴格，但是他們不管對社會還是自己，都比我們有信心多了，這種自信絕對是他們在大學教育中形成的。

前面談到的幾點是有關科學改革的詳細說明*，我希望我能說，英國已經充分地自我調整到能實現這些計畫。待會兒，我將繼續從世界觀點來討論一個更重要的議題，但是你們或許能夠原諒我先略過這個議題，先從我們自己國家的命運來談這個問題。英國碰巧在所有的先進國家中處境最為危險。這些是歷史和意外導致的結果，不該歸咎於現在任何一位英國人。如果我們祖先過去將人才投注在工業革命，而非投注在印度帝國，那我們今天就會有較健全的基礎。但是，他們並沒有那麼做。

先人留給我國的人口數，是我們糧食供應量所能供給的兩倍，所以我們總是比法國和瑞典還來得焦慮†；他們留給我們的自然資源也很少，從世界強國的標準來看，我們幾乎是一無所有；而我們僅有的真正資產，事實上是我們的智慧。我們已經把智慧運用在兩方面，而這些智慧對我們助益非常大。我們長於自我發展，不管是先天如此還是後天學得，這是我們的強項。就人口比例而言，我們的創造和發明才能與成就可謂相當傲人。我不太相信各民族的聰明有差異，但是跟其他國家比起來，我們當然不比他們笨。

藉由我們僅有的這兩樣資產，我們原本應該能最先了解科學革命，能教育我們自己到達最先進領先的地位。其實，我們在某些領域裡表現得相當好，像是在原子能的研究上，大大出人意料的是，我們比任何國家都做得好。以我們國家這種嚴格而講求實用的教育模式，以及兩種文化隔閡的情況來說，我們已經溫和地試著調整自己。

讓我們感到痛苦的是，這些調整遠遠不足。如果沒有改革就要被毀滅，這麼說太過分；另一種說法則比較切合：如果不改革，我們就會在有生之年看到英國的大幅沒落。我現在確信，如果無法打破既存的教育形式，我們就無法做到這些改革。我知道這樣的改革有多困難。它幾乎衝擊我們每個人的情感。我自己也在很多方面受到衝擊，一腳踏在一個垂死的世界，另一腳則踏在一個不惜代價也要促其誕生的世界，並不容易。我希望我們確實有勇氣接受真相，說出事實。

我常常會為某些歷史故事而感傷，儘管我不喜歡自己常常這樣。這些故事在歷史上是否完全符合實情，並不那麼重要，對我來說，這個歷史故事已經夠嚇人了。我不得不想起威尼斯共和國存在的最後半個世紀，就像我們一樣，他們也曾展現很高明的

*我的計畫只限用於大學，至於各種科技人才需要如何培養，又要怎麼培養才能達到所需的目標，則是另一個有趣的問題。

†當然，我們的人口密度對我國軍事力量也十分不利。

政治技能。很多威尼斯人都是固執、現實又愛國的。那時的他們跟我們現在一樣清楚地知道，歷史的洪流已逐漸地不站在他們那邊。許多人貢獻心力，想找出延續國家光榮歷史的方法，這意味著必須打破既存的模式。但是他們喜歡舊的模式，就像我們喜歡我們的舊模式一樣。最終他們從來沒能醞釀出足夠的意志去打破舊模式。

貧與富

這已經變成我們立即的問題，我們必須正視並努力解決它。真的，我有時甚至會覺得，整個西方都籠罩在威尼斯共和國的陰影之下。我在密西西比河的另外一岸，同樣能感受到這個問題。比較振奮一點時，我會安慰自己，美國人的處境更像我們在一八五〇到一九一四年的時候。但不管他們做了什麼，他們確實已在著手改革。他們必須要花很長的時間費力地前進，才能像蘇俄人那樣對科學革命有充分的準備，但是他們現在確實有許多很好的機會達成這個目標。

然而，英國的興衰並非科學革命的主要問題。更主要的問題是，工業國家的人民愈來愈富有，非工業國家的人民卻頂多只能原地踏步。工業國和非工業國之間的差距與日俱增。以全世界的觀點而言，富人與窮人就是這兩群國家。

美國、大英帝國、歐洲大部分的國家和蘇俄，都屬於富有的白種國家群；中國則是模稜兩可地介於兩者之間，雖還未度過工業化的陣痛期，卻已經要逐漸趕上。其餘的國家則屬於貧窮的一群。在富有的國家群裡，人們的壽命較長、吃得較好、工作得較少；在貧窮的國家裡，例如印度，人民的平均壽命還不到英國的一半，另外還有一些證據顯示，印度人和其他亞洲人比他們上一代的人絕對吃得更少。這個統計數據也許不可靠，「聯合國糧食及農業組織」的官員也告訴我，不要太相信他們的統計資料。但是我想我們可以認為，在非工業國家裡，人們所吃的食物量，不超過維持生理所需。從新石器時代到今日，他們日復一日工作。整個人類歷史中，絕大多數人總是在險惡、殘酷、短暫的生活中度過；對貧窮國家的人民來說，生活仍然如此。

這個貧富不等的現象已經受到注意，貧窮國家更是強烈關注這個現象。正因為他們已經注意到這個現象，這個現象將不再會長久持續下去。什麼事物都會持續到公元二千年，只有這件事不會。一旦致富的把戲被知道，就像現在所揭露的，這個世界將不再能維持一半富有，一半貧窮的現況。

西方國家已經開始促進這個轉變。問題是，西方世界文化分裂的程度，使他們無法掌握科學改革的範圍必須有多大，速度必須有多快。

早先我曾說過，很少非科學家能夠了解「加速度」這個科學概念。當時我這麼說只是在嘲笑他們，但是以社會角度來看，這不僅僅只是嘲笑而已。從人類有歷史以來，一直到這個世紀，社會變革的速度都很緩慢，因為速度實在是太慢了，所以以前的人可能一輩子都沒注意到社會有什麼改變。不過這種情景已不復見，如今社會改變的速度，已經快得讓我們無法想像，未來十年內，一定還會出現更多社會變革，而且變革所影響的範圍將會更廣。一九七〇年代，一定還會有更多變化。貧窮國家的人民，已經了解到這個簡單的概念：時代更迭所需的時間，將比人的一生還短。

貧窮國家老是聽到一些不著邊際、態度倨傲的安慰，諸如：「或許再過一、兩百年，情況就會好轉一點」之類，這只會讓他們更憤怒。我們仍然會聽到有些人對亞非地區的一些古老國家斷言道：「哇！他們需要五百年才能趕上我們的水準！」這些人技術上的無知是自取滅亡，尤其是他們本身看起來無須五年就會被尼安德塔人追上——一向也只有這種人才會說出這種話。

事實是，這種改變速度已經證實很有可能會達成。有人說，當第一顆原子彈爆炸時，最重要的祕密也隨之泄漏了，即原子彈可以運作。從此以後，凡是下定決心要造原子彈的國家，都可以在幾年內製造完成；同樣地，蘇俄和中國工業化的唯一祕密，就是他們成功地製造了原子彈。這就是亞洲人和非洲人注意到的事情。從一些俄帝時期的工業基礎出發，蘇俄花了約四十年製造出原子彈，中間還曾被內戰和世界大戰中斷。跟蘇俄比起來，中國的工業基礎差多了，但是因為沒有受到戰爭和其他大事中斷，所以製造出原子彈所需的時間，看來只要蘇俄的一半。

中蘇這些轉型需要非比尋常的努力，同時也為自己帶來極大的痛苦。其中大部分的痛苦都不是必須的。當我們站在同一個時間點來看時，恐怖真的不是必要。他們證明了，一般人可以為了追求明日的成果而展現驚人的毅力。最能夠激勵人們的不是今日的果實，而是明日的成果。中蘇這些轉型也證明了，只有科學的文化才能達成這些轉型。但是，如果我們英國不能轉型，我們就會看起來像白痴一樣。

很顯然，技術的變革比較容易，說得更精確一點，技術就是人類經驗的一部分，人們可以經由可預測的結果學習技術。但是西方世界長久以來都對這點判斷錯誤。畢竟，已經有六個世代的英國人專精於機械工藝。這些經驗使我們自己相信，技術整體多多少少是不能傳達的。我們的起點的確有某種優勢；我想這並不是我們傳統文化的緣故，而是因為我們所有的小孩都在玩機械玩具，在能夠閱讀之前，他們就已經懂得一點應用科學。這是我們尚未充分利用的優勢。就像美國人，九成以上都會開車並具備某種程度的機械知識。上一次大戰就是一場小型機械的戰爭，這些機械才是軍隊真正的資產。在主要工業方面，蘇俄已經趕上了美國，不過蘇俄還需要很長的時間，才能發展成為像美國那樣便利的國家：不論車子在哪兒拋錨，都能就近找到修車廠*。

奇怪的是，這些背景一點也不重要。要讓一個大國完全工業化（就如中國），只需要意志決心就可以訓練足夠的科學家、工程師和技術人員。沒有證據顯示哪個國家或種族的人比其他國家或種族更適合學科學；相反地，大量證據顯示，所有國家和種族，學習科學的能力都差不多。過去的傳統和技術背景所占的重要性低得讓人驚訝。

正如我們親眼所見，三十年前，西西里島的姑娘還躲在深閨的窗簾後，但如今，我看到她們在羅馬大學的榮譽物理學程裡（一個非常嚴格的課程）擁有頂尖的表現。我還記得考克饒夫三〇年代早期從莫斯科回來的時候。那時消息指出，他在莫斯科，不僅去看了他們的實驗室，也看了他們的工廠和工廠的機械原理。我們當時到底期望聽到些什麼？我不知道，不過顯然是一些能鼓舞西方人心的故事，大約是像蘇俄農民疲憊地站在磨坊機器之前；或是他們徒手搞壞了一台垂直鑽孔機之類的故事。有人問考克饒夫，蘇俄的技術工人看來像什麼。嗯！考克饒夫可是個從來不多話的人。事實就是事實，永遠是事實。他說：「嗯！跟你們在英國梅特洛維克看到的人一樣！」一點也沒錯，他的話，就如他平常一樣，通常都是對的。

這在技術上是可能發生的：「五十年內，印度、非洲、東南亞、拉丁美洲和中東都將有能力實現科學革命，沒有人能逃避或阻止這股洪流。」西方人如果搞不清楚這一點，就實在不值得原諒。同樣地，西方人如果不知道這是唯一能解決眼前這三道難題的方法，就一樣得不到諒解，這三道難題就是：氫彈戰爭、人口過剩、貧富差距。如果西方人繼續保持無知，這無知將會引起最嚴重的罪。

因為貧富差距的問題是可以解決的，所以這個問題終究會消失。但是如果我們目光短淺、無能（不論是由於無知或是有意的自私），那麼貧富差距的解決將伴隨戰爭

＊這是很多工業社會裡奇怪的現象之一，基礎工作的人才荒非常嚴重，而且將會愈來愈明顯。這個現象是，機靈、稱職的人都不會留下來做基礎的工作，做那些維持社會順利運轉的工作。郵局和鐵路局的工作效率好像都慢慢變差了，就是因為以前願意從事這種工作的人，現在因為受了進一步的教育，都去從事別的工作了。現在這種情況在美國已經很明顯，英國也會愈來愈明顯。

和饑荒，儘管仍將解決。問題是：是誰解決的？如何解決？人們只能提出不完整的答案，但是這些答案就足夠我們好好思考了。全世界都需要進行科學改革，但是當務之急就是籌措到足夠的資本，任何形式的資本科學革命都需要，包括機器的資本在內。但是對貧窮的國家而言，他們一定要達到某種程度的工業化，才能累積這些資本。這就是貧富差距一定會愈來愈大的原因。貧窮國家必須要仰賴外援。

資本的來源只有兩個：一個是來自西方，當然主要是指美國；一個則來自蘇俄。甚至連美國都不可能無止盡地提供這些資源。如果美國或蘇俄想要獨力負擔這一切，他們所需付出的努力，要比他們在戰爭時期工業化還要多得多。如果他們能一起來幫助貧窮國家，他們就不需要犧牲到上述那種程度，儘管我樂觀地認為（就如某些才智之士的看法）他們的付出一點兒也不算是犧牲。幫助貧窮國家工業化的規模，必須是國家級的規模。私人工業，甚至連規模最龐大的私人工業，都遠不及這樣的規模，對他們而言，這也不是合理的商業風險。這就好像要求杜邦或帝國化學工業公司重回一九四〇年代，資助整個原子彈的發展一樣。

除了資本以外，第二樣需求就是人才，人才的需求其實跟資本一樣重要。我們需要受過訓練的科學家和工程師，願意奉獻至少十年生命以協助外國工業化。除非直到美國人和我們同時明智且富想像力地教育自己，否則我們不會有這種優越條件。在這點上，蘇俄卻已經具備這樣的條件。他們的教育政策已經帶給他們龐大的利益。只要有需要，他們隨時可以分派出這樣的人才。但是我們還沒有培育出這樣的人才，美國也比我們好不到哪兒去。想像一下，假設美國政府和我們都同意幫印度進行工業化，達到中國那樣的規模。假設資本的籌措也沒有問題，接下來他們就會需要美國和我們提供一至二萬的工程師或類似的專業人才，幫他們進行工業化。但是目前，我們對這個要求無能為力。

對於目前我們還沒有培養出來的這些人，不只需要給予他們科學方面的訓練，也需要加強人文方面的素養。如果他們不能放下白人的優越感，就無法完成這個使命。從聖方濟*到史懷哲†，有很多歐洲人已經將一生奉獻給亞洲人和非洲人，他們的行

*譯注：聖方濟（1506-1552），西班牙傳教士，耶穌會創始人之一。在錫蘭、印度、日本等地傳教，被謚為聖徒。

†譯注：史懷哲（1875-1965），德國神學家、哲學家、管風琴家，赤道非洲傳教醫師，獲一九五二年諾貝爾和平獎。

為高貴，但卻都帶有白人的優越感。不過現在亞洲人和非洲人可不歡迎這樣的歐洲人，他們希望歐洲人能像他們的夥伴一樣，一起打拚，把自己所知的傾囊相授，然後離開。所幸，對科學家來說，要做到這些不是什麼困難的事。跟大多數具有種族心結的人比起來，他們的態度開放多了，他們的文化，就是他們信仰的人類關係，是一種民主的文化；他們往往認為，人人平等的微風總是吹在臉上，有時這股風更為強勁，就像在挪威一樣。

這也就是科學家為什麼能在亞洲和非洲，把我們所交付的使命做得很好的原因，而他們也成為科學革命中第三個重要的元素：對一些類似印度這樣的國家來說，他們和外來人才跟外來資金的需求是不相上下的。這是為什麼中國在最近十年中，改革了許多大學，也設立了很多新式大學，以至於他們現在幾乎可以不再依賴外來的科學家和工程師。他們花了十年。如果擁有來自我國和美國的科學教師，同時也必須包括英文教師，其他貧窮國家可以花二十年達到同樣的成果。

上面所述就是這個問題的實情。為了幫助貧窮國家克服貧富差距，西方需要投注鉅額的資本，大量的人力，這些人力包括了科學家和語文老師，但是西方至今不足以負擔這些資本和人力的大部分。除了工作的報償之外，這些付出在短期內的回報是微不足道的，但是長期來看就很難說了。

有人會問我，事實上他們已經在私下問過我了：「你的看法非常遠大，但是，你一直是個現實的人。你對政治的細微結構很有興趣，也花過一些時間研究人們在追求自己的目標時會有什麼行為。但是，你能相信人的行動會如你所願嗎？你可以想出在像美國和我國這樣的議會國家裡，需要什麼政治途徑才能實現你的計畫？你相信你的計畫有十分之一的機會發生嗎？」

這真是一針見血的問題，但是我只能回答：「我不知道。」一方面，我們總是誤以為一個人除了自我中心、軟弱、虛榮與追求權力之外，就沒別的可談了——當然，被稱為「現實主義者」的人特別容易被如此誤解。現實的人的確像是如此。他們是我們架構事物的基石，也可以反映出我們自己的自私程度。但是這些現實的人常常不僅止於此，而且任何現實主義如果不承認這點，就不夠認真。

另一方面，我承認，我確實不知道我們可以採取什麼政治途徑，如果不承認這點我就不算誠實。迫不得已，最佳的方法就是不停的嘮叨。對解決焦慮來說，這也許是太過簡單的方法。因為，我雖然不知道我們要如何做我們該做的事，甚至不知道我們是否該做任何事，但是我知道，如果我們不去做，那些共產國家就會及時接手。雖然他們可能會花費自己和其他國家極大的成本，但是他們仍然會去完成。結果若真如此，那麼我們無論在實效上還是在道德上，都算是失敗了。到那時，西方世界充其量也不過是另一個世界裡的一塊飛地*而已，而英國更將成為飛地裡的飛地。難道我們就如此退卻了嗎？歷史對失敗的一方是很殘酷的。無論如何，我們都不應該任其發生。

同時，有反省力的人們並不是對所有問題都束手無策。教育不是解決問題的全部解答，但是如果沒有教育，西方世界甚至不知從何下手解決問題。所有的矛頭都指向同一個方向：縮小我們兩種文化間的差距，這是當務之急，不論是在最實際的意義上，還是在最抽象的知識意義上，都一樣必須做到；當這兩種文化漸行漸遠時，一個社會就再也無法智慧的思考了。為了知性的生活、為了我國的特殊危機、為了西方世界隨時會爆發的貧富差距危機，為了那些只要世人運用一點智能就能脫離貧困的窮國等等，我們、美國和所有西方世界，都有義務用最新的眼光，重新檢視我們的教育。這是我們和美國必須互相學習的理由。如果我們不要太驕傲，我們和美國各自都要向蘇俄多多學習。當然，蘇俄也可從我們身上學到不少。

現在難道不是我們開始的時機嗎？危險的是，從小到大，我們一直被教導以為我們的時間用之不竭；但時間其實所剩無幾，已經少到我甚至連想也不敢想的地步。

＊譯注：指在本國境內卻隸屬另一國的一塊領土。

第三部

一九六三年重新審視兩種文化

史諾

一

我在劍橋大學瑞德講座那場演說（一九五九年五月），至今已超過四個年頭。那場演講的主題，曾被許多人討論過。我希望自己能刺激大家在兩方面有所行動：第一、在教育改革方面行動；第二、提高「那些富裕且擁有特權的社會」對那些不幸國家的關切——在我心中，那場演講的後面這一部分永遠是最迫切的。我的這個期待其實不算高，很多人也正在提類似的事情。對我來說，這是關心這件事的人們必須一同出聲的時候。我原本以為只有少數圈子的人能接受我這方面的看法，然後接下來該場演講的效果將會很快消失無蹤。照這種發展，因為我是如此深切地關懷這個議題，我感到我有義務重申一次我的看法。

有一陣子，我的這個預測看來似乎合理。依照慣例，在我演講完後，演講內容會整理成小冊子出版＊。這本小冊子吸引了一些社論的眼光，但是頭幾個月裡，並沒有獲得很多評論。當時並未為這本小冊子作任何宣傳，事實上也沒辦法。《邂逅》刊出

＊這本小冊子在美國則是以精裝本出版（劍橋大學出版社，一九五九）。

了小冊子的長篇摘錄，引發了一些評論*，我則收到了許多有趣的個人信件。我原本以為，該場演講的效果大概就是如此了。

事情的發展並非如此。演講之後將近一年時，我開始覺得自己像法師的學徒那樣不自在。文章、參考文獻、信件、責備和讚美紛擁而至，而且還時常是來自好幾個不認識我的國家。我應該做個簡短的說明，事實上，這整個現象和我個人沒有太大關係。但是對我來說，這是個奇怪的經驗，並不有趣。討論該場演講的文獻以一種加速度的腳步迅速累積。我假設自己自然應該比任何人都要了解這整個事件的發展；但是我以前從來沒看過類似的情景。當我知道，很多更有價值的討論已經展開，但卻是用多數英國人不了解的語言進行，像是匈牙利語、波蘭語，還有日語，真是滿令人沮喪的。

大量的討論文獻出現後，我們可以推論出兩個明顯的邏輯。第一個邏輯就是，如果有一條神經，幾乎同時在不同的知識社會，或者同時在世界的不同角落裡被觸動，那麼造成這些普遍反應的想法，很可能不是原創的。原創的想法不會以這麼快的速度傳播。事情一般是如下列模式發展：很偶然地，某個人認為或希望自己說了一些具有新意的話，然後無望地等了幾年，希望這些話在某處引起認同的火花。這次我的情況卻相當不同。很明顯地，很多人都一直在思考這個議題，這些想法早已瀰漫在空氣中，任何人在任何地方，只要選擇某種辭彙就可以將它表達出來。表達的辭彙不需要很準確，但是表達的時機卻要準確（儘管沒人能事先預測何時是適當的時機）。當這一切發生時，法師的學徒就只要看著水奔騰湧入，其他什麼也不必做。

其他人在我之前，沒有發現他們和我一樣身處在這個適當的時機，這真是純粹的運氣。布羅諾斯基（數學家、哲學家、文學家）在五十多歲時[†]，曾多次以極有想像力的方式，處理這些問題的很多面向。我直到很晚才發現，克林曾在一九五七年出版過一份著作[‡]，著作中的期待跟我演講稿前半部內容十分接近。教育專家，如彼得森，也曾提出相當類似的觀點。我自己則分別在一九五六年[◎]和一九五七年[#]，寫過

---

* *Encounter*, May 1959，以及其後若干期。

† 布羅諾斯基，《一九八四的知識份子》（*The Educated Man in 1984*）（對大英國協教育部門所做演講的結尾辭，一九五五）。

‡ Merle Kling, *New Republic*, 8 Apr. 1957.

◎ *New Statesman*, 6 Oct. 1956.

Sunday Times, 10 & 17 Mar. 1957.

兩篇比我在瑞德講座的演講短一點的文章，其中就已經提到很多演講裡的主題了。但是，我們都沒得到什麼太大的回應。兩年後才是好時機，此時我們中的任何一人都可以引起不小的騷動。或許這一切都是十九世紀時被尊崇的時代精神（Zeitgeist）在神祕運作。

我推論的第一個邏輯就是：我演講中的想法一點都不具原創性，甚至早已經彌漫在空氣中。至於第二個邏輯，我認為和第一個邏輯同樣明顯，那就是：這些想法必然有些道理。我並不是說這些想法必然正確，或者它們不曾以其他更好的形式表達過。但是，在這些想法裡頭，或者隱藏在這些想法底下，有某些理念，被全世界的人認為和現在世界各地的活動有密切關係。不管這些想法是我說的，是布羅諾斯基或克林說的，還是某甲某乙說的，都不重要。一個複雜的論辯已經展開，而且還會一直持續下去。這種情況當然不會是偶然出現的，也絕不單是我個人影響所致。在這些議題裡，我們個人的角色一點都不重要，但是這些議題本身卻極具意義。

目前針對我的觀點進行討論的文章和書籍，已是汗牛充棟，其中有些持贊同意見，有些站在中立的觀點，有些則表反對。許多評論令我尊敬。我沒有個別回應他們，是因為我始終遵循我在其他爭論場合中為自己訂下的規則。對我來說，在個別的議題上展開立即的辯論，會永久且全然的封閉一個人的心靈。辯論給我們心理上的滿足感，遠勝過思考所帶來的，但是辯論卻剝奪了我們更接近真理的機會。對我來說，我更喜歡在一旁休息，讓提出來的想法被充分理解（事實上，這樣做並不容易）；然後，在一段稍長的時間之後，我就擁有「知道別人說了什麼」和「一些新知識」的優勢，如果我要再做一次演講，我就可以斟酌我要做哪些修改。這也是我現在正在做的。未來，我也同樣會繼續這樣做。如果我有任何意見想補充，我將等到某些時候才發表。

到目前為止，在這場辯論期間，出現了一個很不尋常的發展，我之所以在此提出這點，只是為了遠離它。我發現極少數評論裡充滿人身攻擊，而且這些攻擊已經到達異常激烈的程度。其中一篇評論在刊登與出版時，兩個不同媒體*的負責編輯還分別與我接觸，以徵詢我的同意。我向他們擔保我並未打算採取法律行動。對我來說，這

*我在此是指李維斯的〈兩種文化？史諾的用意〉（Two Cultures? The Significance of C. P. Snow），首次刊載於《旁觀者》（*Spectator*, 9 Mar. 1962）；同年出版精裝版本（Chatto and Windus, Oct. 1962）。

整個人身攻擊事件都非常奇怪。每場爭辯之中，辛辣的言辭都可能會一閃而過，但是至少在我的經驗中，辛辣的言辭處處可見到接近誹謗的限度，實在是不尋常。

不過無論如何，這些行為都是非常容易解決的。讓我們來想像，假使我被白紙黑字地稱呼為具有偷竊癖的戀屍狂（我小心地選了這兩個目前為止，至少就我所知，還沒冠在我頭上的辭彙）。針對這種情形，我可以有兩種做法：第一、一般來說，我應該選擇的做法是，什麼事情也不做；第二、如果這些人的騷擾已經到了讓我忍無可忍的地步，我可以提出控告。一個神智正常的人絕不會採取的做法是：鄭重其事為自己辯護，去請求薩克斯百貨公司和哈洛德百貨公司證明他從來沒有偷過任何東西，還去取得十六位皇家學會會員、首相、高等法院法官等人的簽名文件，證明他們已經認識他大半輩子，即使在酒足飯飽的黃昏，他們也不曾看過他在墓園附近鬼鬼祟祟。

這樣的一種回應做法，不會有任何效果，只會使得他的心裡和誹謗他的人一樣褊狹。任何人都有權避免這種情況發生。

幸運的是，如果我們忽略這些人身攻擊，以及任何相關於那些批評的種種，我的論點將不會蒙受任何損失，因為他們所能做出的理性貢獻，都已由其他人以文明且認真的態度提出過了。

我們需要澄清一下，教科書中的某些心理狀態不是那麼常見。但是我們卻可以在這些涉及人身攻擊的文章中找到大量的例子。是否憎惡心理會使人失去肉體上閱讀的能力呢？現在的證據的確支持這種看法。我原來的演講很短，文字也很簡單。大多數人，特別在想要惡意攻擊時，都會煞費苦心地直接引用被批評者的原文；但是，批評我的人卻沒有。各式各樣的例子，像這整件插曲一樣古怪。我只提最粗糙的例子：我在瑞德演講中被指責且廣為宣傳的罪行之一是說了：「我們都會孤單的死去（We die alone）。」這句話不只出現在獲得我同意出版的文章中*，連回應的其他文章也都跟著引用†，我沒有去算這句話到底被任意引述了幾次，不過我想，至少有十次。

但是這句引言到底出自何處呢？就算你睜人眼睛，逐字搜尋過我整篇演講稿，也不會找到這句話，事實上它根本沒有出現過。如果我用了這句話，那就真的很令人驚訝了，因為我若這麼做，就做出了一個有史以來最獨一無二的陳述：沒有人會以複數形說這句話。奇怪的是英文裡竟然沒有合適的說法表達我的意思，如果說「人孤獨的

---

* Leavis, op. cit.

† *Spectator*, 23 Mar. 1962，以及其後幾期；其他例子則出現在之後的討論文章中。

死去」（One dies alone）也不正確，最後我只好用一種很笨拙，但能確實表達我的意思的說法：「我們每個人都會孤獨的死去（Each of us dies alone）。」

順帶一提的是，這個概念，像我整個演講裡的大多數概念一樣，不是原創的概念。內省式的哲學，特別是內省式的宗教思想，使用這個概念已經有數百年了。就我所知，第一個說這句話的人是巴斯卡*，他說：「On mourra seul」（每個人都會孤獨地死去）。

以後我們將有機會研究這句話的涵義，但是我不希望是現在，當務之急應該是盡我們所能地阻絕討論中人身攻擊的情況。在我自己將要寫的文章裡，我試著以身作則。

正如我先前提過的，我想我現在所能做的最有用的事，就是把我原始的講稿拿來再看一遍，根據大家辯論中提出的問題，從原始的角度再檢視一次，並且也要藉助科學、社會學、歷史學最新的研究結果，讓我至少能對部分的問題提出客觀的解答，而不只是提出個人的見解而已。

二

我在演講中已經盡可能用最簡單的方式陳述我的理念。任何想要激起行動的理念都必須要簡單。反之，如果硬是要把簡單的事情複雜化，像是偏要用別人難以理解的言辭來說明司空見慣的事，就必定有問題。我之前用了一些特定的條件，把我的演講限制在一定的範圍內，並試著描述這些限制；現在我要把這些條件和限制都撇開，並盡可能不作更動地重新闡述那次演講的重點。

我要說的其實就是，在我們的社會裡（也就是進步的西方社會），我們已失去了共同的文化，我們甚至連假裝擁有共同文化都做不到。那些學術涵養最高的人們，絲毫無法在他們最關心的知識問題上和他人溝通。這對我們的創造力和聰明才智都有不好的影響，尤其對日常生活的影響，更是令人擔憂。因為只活在自己的世界裡，缺少跟他人的互動，會讓我們對過去的行為做出錯誤的解釋，對目前的情況判斷錯誤，甚至還會否定我們對未來的希望，如此一來，我們很難，或者根本不可能，做出正確的

*譯注：巴斯卡（1623-1662），法國哲學家、數學家及物理學家。

判斷，採取應有的行動。

我舉出缺乏溝通最明顯的例子，就是我所謂的「兩種文化」的那兩群人：其中一群是科學家，他們的重要性、成就和影響力，我想應該不需要再強調了；另外一群就是文學知識份子，但是我絕對沒有把文學知識份子當作西方世界主要決策者的意思，我只是將文學知識份子視為非科學文化氛圍的代表，認為他們說出了非科學文化社群的感受，並在某種程度上塑造且預言了非科學文化氛圍。他們雖然不是決策者，但是他們的意念卻會透過作品滲入決策者的觀念中。在科學家和文學知識份子這兩大集團間，其實還是會有一些交流，不過他們的交流不太像是朋友間的分享，反而比較像是仇人般的針鋒相對。

我四年前所作的演講，是對目前我們所處的情況所作的描述，至少是非常接近現實的描述。我非常不喜歡我們目前所處的這種情況。關於這一點，我以為我已經在演講中表達得夠清楚了。奇怪的是，還是有評論者認為我贊同這種情況。所以我想在這個問題上，我應該承認自己的失敗，並且要小聲地唸席勒*的詩句來自我解嘲†。

在這篇文章裡頭，我當然無法針對文化分裂的問題提出完美的解決方法。在我們所處的年代，或者任何我們可以預見的年代，文藝復興時期的那種無所不會的人已經不可能存在了。但是面對這些問題，我們仍然可以做出一些貢獻，其中最可能做到的就是改革教育，主要是小學和中學教育，另外也包括學院和大學在內。我們沒有理由讓後代子孫跟我們一樣無知得如此誇張；或是跟我們現在一樣悲哀，缺少對另一種文化的溝通和了解。

三

從一開始，「兩種文化」這個詞就引起了一些反對的聲浪，不管「文化」一詞是用單數還是複數，都有人反對。「二」這個數目也有人反對。（我想應該沒有人是對定冠詞有意見吧！）

---

*譯注：席勒（1759-1805），德國詩人、劇作家。

†編注：Mit der Dummheit kämpfen Götter selbst vergebens.（大意是：即使是諸神也無法戰勝愚昧。）

在對整場辯論做更廣泛的探討之前，我必須先談一下這些詞在字面上的意義。「文化」這個詞在我的題目中有雙重涵義，而且這兩種涵義都跟主題密切相關。首先是字典上的定義：「智識（intellectual）和心靈（mind）的發展。」若干年來，人們已經從字典上的定義衍生出其他的意義，而且常常變得深奧難解。我們很少有人能夠提出精微的解釋，如果有人問：「什麼是文化？」「怎樣才算是文化人？」我們該如何回答？極端巧合的是，我們思考這個問題的答案，總是指向我們自己文明的發展方向。

這樣自以為是的回答也沒有關係（雖然看來有點像是某種人性弱點所導致的答案）。但是，真正的重點是，從柯立芝以來，「文化」這個詞的精確定義至少都同時包括了兩個面向：科學家在他的專業領域獲得的進展，以及「傳統」心智的發展（或者任何傳統心智的旁支發展）。柯立芝*將文明（也就是我們說的文化）這個詞定義為：「可標示為我們人類特徵的『品質和能力』的和諧發展」†。顯然，我們沒有人會認為科學文化或文學文化二者之中何者是次文化。「可標示為我們人類特徵的品質和能力！」對自然世界充滿好奇以及思想符號系統的使用，是我們所有人類品質之中最珍貴、最特殊的兩大特徵。即使擁有許多心智發展的傳統模式，人們仍然覺得不滿足；反過來看，科學教育也讓我們對口語能力感到飢渴，因為科學只注重符號的語言，而忽略文字的語言。但是事實上，兩種文化都各自低估了人類天賦的充分發揚。

但是我們如果一定要以上述最精確的方式，來使用「文化」一詞，結果就會變得既單調又無知，缺乏想像空間。科學家一定不願意接受這種用法，而且也沒有理由要他們接受這麼無聊的用法。經過了一個世代，有一種文學作品類型已經建立起來。創造這類特殊文學作品的作家寫出了一些我們這個時代最優美的散文，他們的作品展現了他們做科學研究時具有的那些根深柢固的理性、美學和道德的價值。只要看看懷海德‡的《科學和現代世界》、哈第的《一個數學家的辯白》、布羅諾斯基的《科學和人類價值》，就可以了解我的意思。近十年來，這種洞察力更是普遍地散見於英美文章裡，像是尼德罕、陶爾明、普來斯、《科學美國人》的編輯皮耶爾和認知科學家紐曼等人的作品——其實還可以找出更多作者，但是我一時間只想到這些人。

針對我所提出的議題所作的討論中，最生動的要算是布羅諾斯基的回應，但是他

＊譯注：柯立芝（1772-1834），英國詩人兼哲學家，開創英國文學史上浪漫主義新時期。

†柯立芝，《論教會和國家的基本組織》（*On the Constitution of Church and State*），第五章。

‡譯注：懷海德（1861-1947），英國數學家、哲學家。

的回應被集結在第三本回應集中，所以目前尚未出版。他很謹慎地避開了「文化」這個詞，以免偏頗任何一邊，而採用了「兩個世界系統間的對話」（Dialogue between Two World Systems）這個標題。我相信對明理的人來說，布羅諾斯基的這個詞仍然是恰當的，而且也能表達適當的涵義。可是當我們想要固定採取這個用法時，我發現我要表達的主要意思，卻非布羅諾斯基的這個詞所能涵蓋。如果我們考慮到人類的潛力、我們所面臨的挑戰以及我們應該要開始居住的那個世界，使用「心智發展的科學系統」或者「傳統系統」這兩個詞，都是不夠恰當的。

除了字典上的定義外，「文化」這個詞還有另外的涵義，也是有點技術性的涵義，我在原始的演講稿中，就已經明白地指出這一點，那就是人類學家常用的方式。人類學家常用「文化」一詞來表示住在相同環境、有共同習性、同樣價值觀、相同生活方式的一群人，例如尼安德塔文化、拉坦諾文化*、初步蘭島文化†等等，這種用法非常有用，而且已經應用到我們社會中的許多團體。這個技術性定義，成為了我選用「文化」這個詞非常強而有力的附帶原因。我這樣明顯地在兩種不同的意義下使用「文化」這個詞，的確非比尋常。以一邊是科學家，另一邊是文學知識份子的情形來看，他們確實有自己的文化存在，這種文化就跟人類學領域中所指陳的一模一樣。就如我之前提過的，在他們各自的文化中，有著相同的態度、共同的標準和行為模式、共同的研究方法和假設。但是這並不表示身處某個文化中的人，就會失去自己的個性和自由意志。這種情況的真正涵義是，我們不應只是我們自己文化訓練的產物。讓我舉兩個淺顯又不具爭議性的例子，第一、在科學文化（這裡所說的「文化」，就是從人類學的觀點來看一群科學家）的社群中，我們不需要去詳細研究他們的心靈，就可以知道他們之中絕大多數人都會毫不猶豫地肯定大學的基本功能就是研究。這不是故作姿態，而是一種下意識的認知，屬於他們文化的一部分；相反地，在文學界裡，抱持這種觀念的人，比例可不高。第二，絕大多數的文學界人士，都一定會覺得任何一種情況下的任何出版品，都沒有接受審查的必要，這樣的一種立場甚至無須經過他們大腦思考，這也是他們文化的一部分。事實上，文學界人士目前爭取到不用審查的範圍，已經大到他們三十年前無法想像的地步。

我想我對「文化」一詞已經解釋得夠多了，現在該來談第二個問題了，那就是我

*譯注：指西元前四五〇—四一五年期間中歐的鐵器時代文化。

†編注：二十世紀初著名人類學者馬凌諾斯基在此研究，為人類學研究方法打下基礎。

用「二」這個數字是最好的選擇嗎？對於這個問題，我其實不太確定自己選擇得對不對。打從一開始，我就有點懷疑是否該用「二」這個數字。我把那次演講中的這個部分再重複一遍：

因為「二」這個數字確實是一個很危險的數字：這也是辯證法的過程之所以危險的原因；所以不論想要將什麼事物區分為二，我們都應該抱持著懷疑謹慎的態度。關於到底要不要把兩種文化再加以細分這點，我已經思考很久了，但最後還是決定維持原案。我過去一直在尋找一個比一般流行比喻更好的區分方式，尋找比一張密密麻麻的文化地圖更簡明的區分方式：最後發現為了實用的原因，兩種文化的分法大約是恰當的，若要再作更精細的區分，將會有損它的價值。

我到現在仍然覺得這個看法是正確的。但是我對修正保持非常開放的態度，另外我還非常激賞這整個討論中的一個新發展，這點我很快就會談到。在談這個新發展之前，我想我應該先談談這場辯論裡的兩個論點，令我欣慰的是，其中一個論點已經不存在，走入了死胡同，另一個論點則可能是錯的。第一個論點的主張是：不！不只有兩種文化！應該是一百零二種，或是兩千零二種，或是任何你所能想到的數字；不過說真的，這種說法還真的沒什麼意義。語言文字總是比它們所賴以為據的殘酷現實來得簡單，如果不是這樣的話，就沒有所謂的討論和集體行動。當然，科學界是可以細分再細分的，像理論物理學家所探討的領域，就只有他們彼此才聽得懂，就像卡伯特父子*在航海探險時只能和上帝溝通。不論是在科學界裡頭的政治領域，或者任何開放的政治領域，有機化學家多半是保守派；相反地，生化學家則多半是非保守派。除此之外，我們其實還可以把科學家細分成很多類。哈第是個沒有任何派系標籤的人，他過去常說，我們可以在皇家學會的會議桌上，看到各式各樣的科學家。但是，他也沒有因此就說皇家學會裡頭，沒有一種一致的文化。事實上，皇家學會正是科學文化最重要的象徵†。

---

*譯注：卡伯特父子皆為英國十五、十六世紀著名航海家、探險家，曾登上北美大陸，繪製著名的世界地圖。

†皇家學會的組織改變過程，其實恰好能有趣地反映出英國對各門學科態度的轉變。本世紀初期，皇家學會就很謹慎地將社會科學擋在門外；還有在其他國家被普遍納入「科學」領域的某些學科，也不在他們的邀請之列。

無論何時只要有人提出一個具有行動遠景的論述，「二千零二種」思想學派的這種說法就會出現。這種說法是所有保守的公務員都會使用的技巧，這是一種巧妙的維持現狀的技術，一種複雜精細的自我防衛技術。

第二個論點企圖畫出一條界限，用來區分純科學和技術（技術這個詞到了當代已經變得有點輕蔑的意思了）。這也是我曾經嘗試做過的事*，雖然我仍然可以看到做此區分的理由，但是我現在已經不想這麼做了，因為當我看過愈多技術人員工作的情形，就愈無法將兩者明確地區分開來。如果你看過人家設計飛機，就會發現，在他設計飛機的過程中，他會經歷同樣的美感、知識和道德的體驗，就好像他正在做粒子物理學實驗。

做科學研究其實有兩個動機，一是了解自然，二就是控制自然。每個科學家都可能是受到任一個動機支配；他們當初可能也是被其中某個動機吸引，才會跨進科學研究的領域。研究自然和宇宙起源的宇宙進化論，就純粹是第一個動機的例子；醫學則可作為第二個動機的代表。但是在所有的科學領域裡，不論最初的研究動機為何，另一個動機必然會隱含其中。例如，醫學是典型的技術科學，但是研究醫學的人還是會碰到「純」科學的問題，像是血紅蛋白的分子構造；宇宙進化論看來好像是最不實用的學問，但是研究宇宙的起源卻洞悉了原子核分裂的祕密，這個發現所造成的結果好壞難辨，可是我們都不能說宇宙進化論不實用。

純科學和應用科學間的複雜辯證，其實是科學史上最深奧的問題之一。直到現在，我們對這個辯證的內容還有很多不了解的地方。有時實際的需求會激起發明的熱潮，這可是千真萬確的事實。我們不需要別人告訴我們，為何在一九三五到一九四五年間，英、美和德國科學家不約而同在電子學上都有重大進展，彼此在事前可是未通聲息。顯而易見的是，這個具有極大威力的技術武器，將會很快被應用在最純粹的科學研究上，從天文學到神經機械學的研究都有可能。

而又是受到怎樣的外來刺激或社會狀況的影響，才使得鮑爾耶†、高斯‡和羅巴契夫斯基◎，幾乎同時著手研究非歐幾里德式的幾何學呢？他們一開始也完全不知道對方在做類似的研究，非歐幾何學可是所有需要「概念想像力」的學科中，最抽象的

---

* *The Search*, 1934.

†譯注：鮑爾耶（1802-1860），匈牙利數學家。

‡譯注：高斯（1777-1855），德國大數學家，被譽為「數學王子」、「數學家第一人」。

◎譯注：羅巴契夫斯基（1793-1856），俄羅斯數學家。

領域。關於這一點，我們很難找到大家都滿意的答案，但是如果我們一開始就假設純科學和應用科學之間有差異，那麼就永遠也不會有找到答案的一天。

四

因此，「兩種文化」這個詞看來仍然能恰當地說明我所想要表達的主張，但是我現在覺得，我應該更強調自己是以英國人的身分發言，我的看法主要來自於我所生活的英國社會中得來的經驗。事實上，我說過這樣的話，而且我也曾說文化分裂的問題在英國最為嚴重。我現在了解原來我過去沒有充分強調這個看法。

好比說在美國，這兩種文化也還沒分裂到不能溝通的地步，不過的確有一些美國的文學文化受到英國相似文化的影響，他們也會極端地抗拒溝通、斷然拒絕交流。不過大體上來說，這種想法並沒有擴及他們整個文學文化，對他們整個知識界的影響也就更小了。正因為他們文化間的分裂沒那麼嚴重，而且他們也不願見到這種情況成為生活中的事實，所以他們針對這個問題，採取了遠較我們更多的改善措施。我們可以從這個例子裡看到社會變革的許多律則，那就是人們不會在問題已經病入膏肓時，去改變社會；社會變革總是發生在問題的解決出現曙光的時候。所以耶魯、普林斯頓、密西根和加州大學的世界級科學家，目前正和麻省理工學院與加州科技大學理工學院的非專業人士商談，為這兩校的學生加入分量很重的人文課程。最近幾年到全美各地參觀訪問的人，都不禁會對他們高等教育的包容力和創造力感到震驚。讓我們面對現實吧！如果在英國，這種改變可能會實現嗎*？

我也覺得，由於自己身為一位英國作家，所以常會對某些事物的感覺遲鈍，而這些事物正好可以將這場辯論導向另一個發展方向，或許這些事物目前已經造成這種影響，只是因為我是個英國作家，所以還被矇在鼓裡。我近來愈來愈欣賞某類觀點，這類觀點是它們自己逐漸形成的，既沒有組織化，也沒受任何有意的引導。這就是我剛才提到的那個新發展。這類觀點來自各個不同領域的知識份子，包括了社會歷史學、社會學、人口統計學、政治科學、經濟學、政府學（這是美國學術界的辭彙）、心理學、醫學和社會藝術學如建築學等各個領域。乍看之下，這就像是一個龍蛇雜處的百

*美國和英國學術界來的一些法官，經常告訴我太高估美國的高等教育了。

寶囊，但是其內部其實是一致的：他們都關心現在和過去的人類是如何生活——請注意，他們關心的是真實的人類生活，而不是那些傳說中的世界。我並不是說他們彼此完全贊同，但是他們對於最核心的問題的思考方式，至少呈現了相當的一致性，這個最核心問題就是：科學革命對人類帶來的影響究竟是什麼。

我原本應該可以預見到這個發展。我無法為自己沒能預見到這個發展做辯解。我自己一直和社會歷史學家有很緊密的學術交流，他們對我的影響很大，他們最近的研究正好是我許多論點的基礎。然而我仍然很晚才發現第三種文化（這是在我的架構之下的說法）已經在逐漸發展。如果不是受到英國式教育的箝制，我想我會較早發現這個現象。因為在英國這樣的教育環境中，我們被制約成：除了那些屹立已久的學門之外，我們幾乎處處懷疑所有新的聲音，我們只對那些最「老大級」的學科才毫無保留的相信。我對這一點感到很遺憾。

如果現在就說第三種文化已經出現，可能言之過早，不過我相信這是遲早的事。當社會歷史學真的成為第三種文化後，文化間的溝通就不會再如此困難，因為社會歷史學者為了工作需要，一直以來都跟科學界保持很好的關係。接著，就會像我之前所說的，爭論的焦點將會轉移到對我們大家都有利的方向。

已有跡象顯示，第三種文化儼然成形。一些和科學家一直保持對話的社會歷史學家，都已經感到自己必須把注意力轉向文學知識份子，或者更精確地說，是開始去注意文學文化裡一些重要且極端的發展。在過去十年知識的進展之下，有機社群的概念、前工業社會的本質，或科學革命等議題，這些社會歷史學家都已討論過。這些新的討論對我們學術和道德上的健全都非常重要。

由於他們談論到了我演講中自己感受最深的那些部分，因此我將於下一節裡再談一談他們。然後我該讓其他更有資格的專家繼續討論這些社會歷史學家的成就。

接下來我想談的是，我在另一段演講稿裡談到的一段話，在那段話裡，我做了差勁的判斷。在我的演講裡，我完全沒有去誇大兩種文化間缺乏交流的事實，即使我當初有點輕描淡寫地帶過這些例子，各位也可以在接下來的許多田野調查中，證明它們缺乏交流的情況的確很嚴重*。但是我仍然很後悔自己用了一個檢驗性的問題，來考驗文學知識份子的科學知識，這個問題就是：「**你們知道何謂熱力學第二定律嗎？**」

這其實是個好問題，很多物理學家都同意這是個一針見血的問題，因為熱力學第

* Kenneth Richmond, Culture and General Knowledge, Methuen, 1953.

二定律是最深奧又最普遍的定律之一，像所有主要的科學定律一樣，它也有自己嚴肅的美感，能夠引起他人的敬意。對那些非科學家來說，只從百科全書上查到這個定律的解釋，其實是沒有意義的。如果真的要回答什麼是熱力學第二定律，就必須去理解它；要理解它，則至少需要一些物理學的基礎。我認為這個定律應該成為二十世紀的常識，謝威爾市長也曾在上議院比我更強烈地表達這個態度。可是我現在卻希望我當初選的是另一個問題。就像劇作家跟自己的觀眾缺乏溝通一樣，我也忘了大部分的人都不熟悉這個定律的名稱，甚至覺得這個名稱很可笑。說實話，我當時真的沒為他們想想，一個不熟悉的名字對他們來說聽起來有多可笑。我應該想想，契訶夫*作品裡的英國人，每回聽到俄國那種源自父執輩的名字，都會笑得直不起腰來，卻沒想到俄國的這種命名文化，其實比我們英國的更謙恭有理，更人性化。

我只顧著嘲笑這些人，卻沒注意到自己就像個不適任的劇作家。現在我會用不同的問題來問他們了。我會找大眾文化裡不可或缺的科學常識來問他們，當然，這些常識都是現在學校裡應該教的。我現在就想到了一個應該要成為科學常識的名稱：分子生物學。這個名稱也很好笑嗎？我想大家對這個名稱可能已經很熟悉了吧。非常幸運地，分子生物學這個研究領域可以和新教育模式搭配得非常好。我們不需具備太多其他科學基礎就能理解它。分子生物學的研究始於分析晶體結構，從審美的觀點看來，它的研究對象是很有美感的，而且又很容易了解。由分析晶體的構造開始，接著再用相同的研究方式來研究分子，他們所研究的分子，在我們身體中占有極重要的分量，像是蛋白質和核酸的分子，從分子的標準看來，這些都是相當大的分子，而且其構造看起來也確實是自然界中很有趣、很獨特的造型，以至於當我們說對生命體感興趣時，就好像說自己很喜歡洛可可藝術†一樣。自從華生和克里克‡共同發現了DNA的雙螺旋結構之後，我們對基因的認識使有了長足的進步，同時也了解到基因遺傳是非常重要的學問。

跟熱力學不同的是，分子生物學並沒有嚴肅難解的概念，就概念上來看，它並沒有那麼深奧，而且在某些方面，我們對它的研究結果還有迫切的需求。想要了解分子生物學，不需要深厚的數學底子，你要知道，如果沒有深厚的數學素養，我們很難理解科學領域中一些深奧的學門。研究這門學科需要具備的能力只是空間感和立體的想

---

*譯注：契訶夫（1860-1904），俄國作家，作品題材都取自普通人的生活。

†譯注：十八世紀後期一種盛行於歐洲的建築裝飾藝術風格。

‡譯注：華生（1928-）與克里克（1916-2004），同獲一九六二年諾貝爾生理醫學獎。

像力，在這方面，畫家和雕刻家已經是箇中高手了。

分子生物學這個領域表現了科學文化的一些特性。我想主張「二千零二種」文化的人會很高興聽到，世界上只有少數人（也許五百人？）能照著肯德魯和佩魯茨*寫下的詳細實驗步驟，一步一步地做下去，最後解開血紅蛋白的結構之謎。畢竟佩魯茨花了二十五年的時間在研究血紅蛋白。但是科學家都知道只要有耐心，按部就班地接受訓練，最後一定能學會他們的研究方法和內涵。絕大部分的科學家都能了解他們兩人的研究成果究竟帶來了什麼研究知識。所有科學家都會接受這些研究成果。這也是科學界工作文化的好例子。

我已經說過了，分子生物學的概念，不像熱力學第二定律那麼深奧，也不像熱力學第二定律有那麼普遍的重要性。這是真的，第二定律具有很廣的普遍性，它甚至可以適用於整個宇宙。分子生物學只研究宇宙中微小的組織，這些組織或許只有地球上才有（誰都不確定其他星球是否還有生物），但是因為這些微小的組織跟生命有很大的關聯，因此對我們每一個人來說，分子生物學都變得重要起來。其實它的重要性是筆墨難以形容的，我相信未來十年內，分子生物學會變成顯學。有一種說法看來沒有什麼爭議性：分子生物學將會影響到人認識自己的方式，它對人類這方面的影響比任何達爾文以降的科學進展都重要，搞不好也比達爾文的理論重要。

上面所述已足以解釋下一代為何要學分子生物學。基督教承認人類的無知是無可避免的，但是現在無知既不是，也不必然是無可避免的。這門學科可以加進高中或大學的課程裡，這樣做既不會不自然，也不會太難。我敢說，這個想法在世界各地都已經出現了，就在我在寫這段文字的時候，美國的各大學已經把這門學問列為優先課程。

五

近幾年來，科學上的重大突破必然會牽動我們的希望與失望——尤其是那些和我們的血肉之軀有關的科學進展，如分子生物學，或者對高等神經系統的研究。因為自從人類開始自我反省，就一直在揣想人類注定不變的本質究竟是什麼；有時，也能產

*譯注：肯德魯（1917-1997），英國生物化學家；佩魯茨（1914-2002），與肯德魯因為發現肌血紅素的結構而同獲一九六二年諾貝爾化學獎。

生一些洞見。很可能，這些想像和洞見未來將會發展成一門精確的學問。沒有人知道這類知識的發展將帶來哪些影響，但是我相信，其中一個影響會是：它會讓我們覺得必須對自己的同胞負起更大的責任。

這也是我為什麼在原來的演講中，將個人和社會的情境做明確區分的原因之一。當時我強調，孤單這個終極的悲劇是每個人生命的核心；但是我的這種說法卻使得那些只接受我演講別的部分的人們感到憂慮。當然，人很難去壓抑自己本性中難以擺脫的想法，我也不例外，這是為什麼在我很多作品中，這種孤單的主題不斷出現，凱辛就曾聰明地指出*：我的小說集叫《陌路與手足》，絕非偶然。然而，我對個人和社會情境所作的區別是必不可免的，否則我們就會陷入我們時代中隨處可見的悲觀主義，就會陷入唯我主義的冷漠裡。

所以我試著撇開自己，做客觀陳述，我想大部分的人都會同意，到頭來，誰都無法扭轉自己的命運，人都難逃一死，不論是你還是你所愛的人，都一樣。有許多痛苦折磨是無法避免的，即使我們做了再多努力，仍然有痛苦等著我們。只要我們是人，這就是事實。這是每個人宿命的一部分，你可以說人的宿命可悲、可笑、荒謬，或是像一些最偉大、最英勇的人物一樣，對它不理不睬。

但是死亡和痛苦並不是生命的全部，人可以將目光從自己身上移開，去看看周圍的其他生命，看看那些被「愛、情感、忠誠和責任」束縛的人。他們和我們一樣都無法避免一些人生中無可避免的部分，但是在人生的某些段落裡，我們仍然可以互相幫忙。由於個人的這個極小的延伸，去掌握希望的眾多可能性，讓我們成為一個更完全的人。這是提升個人生命品質的方法，對個人來說，也是走入社會情境的第一步。

我們永遠也不可能完全了解世界各地的社會情境，但是我們應該知道，也確實知道兩件最重要的事。第一件，我們多少都聽過身邊一些不忍卒睹的例子，就算現在還沒碰過，以後應該也會碰到：世界上絕大多數，可能占三分之二之多的人，都是重病纏身，不是在垂死邊緣掙扎，就是英年早夭。他們的平均壽命只有我們的一半，多半都營養不良，瀕臨挨餓邊緣，也有不少人長期處於挨餓狀態。他們的生活就是在忍受痛苦中度過，這些痛苦和個人情境的必然痛苦完全不同。而，這些痛苦其實都是不必要的，也是可以移除的，這就是我們知道的第二件事。我們不但沒有藉口，也不能為我們的一無所知祈求原諒。

＊A. Kazin, *Contemporaries*, pp. 171-8 (Secker & Warburg, 1963).

我們不能逃避現實，事實上，應用科學就能幫助這許多人脫離苦海，擺脫掉這些不必要的痛苦。我們有幸生在這個富裕的社會，那些痛苦又是如此不值一哂，引不起我們的注意，所以我們幾乎都快忘了他們有多痛苦。例如，我們曉得治癒很多疾病的方法；知道如何預防嬰兒夭折，避免母親難產；懂得如何製造足夠的食物避免飢餓；知道要如何使得每個人都有房子住；我們還會控制出生率，以免其他的努力白費。我們都知道如何做這些事。

要幫他們改善生活，我們不需要更進一步的科技，就可以做得很好了（當然新的科學發現必然會有所幫助）。事實上，他們的情況是否真能獲得改善，端視科學革命在世界各地散播的程度，沒有別的方法。對大多數人來說，這是希望的關鍵。當然科技發展將來一定會散播到世界各地。但是窮苦的人們是無法平心靜氣地等這麼久的。他們到底要等多久，而這些苦難會以何種方式結束，反映了我們的生活良知，尤其是我們這些幸運生於西方世界的人們*。當這一天來臨時，我們的良知將會更清明，我們的子孫們至少能夠覺得，當我們想到世界上其他人每天的基本需求時，任何有良心的人不會再每天受到良心的譴責；而這也將是第一次，我們全體獲得真正的尊嚴。

人不能只靠麵包而活——喔，是的，這類討論已經夠多了——說這種話的人往往缺乏想像力，心胸褊狹，這是他們推搪責任的藉口。因為，任何一個西方人都不可能若無其事地對多數的亞洲人、多數的人類同胞這麼說；但我們卻可以，也應該時時提醒自己。因為我們知道，基本需求滿足之後，要在生活中追尋更高的價值與成就感並不容易；或許永遠可望不可及。想像未來的人類，如果像我們現在一樣幸運，他們可能也和我們一樣，掙扎於人類存在的意義，或者其他掙扎的理由。他們也可能跟我們某些人一樣，想藉著性、酒或藥物讓自己的感官生活更刺激。或許他們之中有些人會試圖擴展責任，深化情感和性靈，以提升自己的生活品質。儘管他們的方式我們目前還不太清楚，但我們仍可以朝向這個方向去努力。

雖然我們還不太清楚，但是絕不能看不清真理。真理就是：基本需求已經滿足的人，絕不可以輕視這些需求對於那些未得到的人有多重要。這麼做絕不是為了彰顯自己的性靈有多高尚，而是因為不這麼做的話，我們很容易就會變得沒有人性，更正確的說法是，會變得反人性。

前面說的這些，其實就是我整個論證的核心，在我做那場演講之前，我就想將它

＊這個判斷標準當然是以所有目前已出生的人類為準。

命名為「貧與富」。我現在真希望我那時這麼做。

科學革命是多數人能夠獲得基本必需品的唯一途徑。這些基本必需品包括了：延長生命、免於飢餓的自由、保障後代的生存。現在對我們來說理所當然的這些基本必需品，其實也是我們經過不久前的科學革命才得來的。大多數的人類都想獲得這些基本必需品。大多數人只要有機會，都會毫不猶豫去追求科學革命。

誤解了這個情況，就等於誤解了現在和未來。在世界政治情勢的表象底下，各地對科學革命的渴望正在逐漸發酵。雖然政治的外在形式還是一樣，但是它的內容已經因為科學革命的出現而改變。我們之所以沒有辦法立刻描繪出這個發展，絕大部分是因為文化分裂。政治家和行政官員，曾經很難理解科學家說的這些具有實用價值的真理；不過他們現在已經開始慢慢接受了。最容易接受這個觀念的人是處理公共事務的人（無論他們的政治傾向是什麼）、工程師、牧師和醫生，這些人對世界上其他人的健康和物質生活，都懷有同胞物與的精神。是的，對他們而言，無須任何論證。如果所有人都能得到基本必需品，這就是件單純的好事。

奇怪的是，很多自稱胸襟開闊的人，反而是最反對改革的人。他們就好像得了夢遊症一樣，幾乎都慢慢陷入一種拒絕全人類希望（特別是那些窮苦人民的希望）的態度裡。這種態度不但讓他們誤解現在，也誤解未來，甚至還誤解過去。在誤解過去的這點上，我們剛才說的第三種文化對他們提出了尖銳的批評。

他們的這個論點關乎第一波科學革命，也就是工業革命，其中最常見的問題是：從最基本的人類生活來看，跟工業社會比起來，前工業社會的生活到底像什麼樣子呢？關於這個問題，我們可以從現代世界裡得到一點啟示：現在的世界就像是一個巨大的社會實驗室，我們可以在裡面觀察到形形色色的社會，從新石器時代到進步的工業化時代，一應俱全。我們目前也正在蒐集人類過去生活的重要證據。

當我在寫那些工業革命的評論時，我就已經猜到社會歷史學最近的研究結果，一定會比較廣為人知。若非如此，我就得拿出證據來，證明我所言不假，但是現在，所有證據都顯得陳腔濫調。難道有人會認為，我對貧窮國家所作的描述，跟我們祖先早期的生活大為不同嗎？難道有人會認為只在三、四代的時間內，就將我們從難堪、貧窮的生活帶進完全不一樣的情況的，不是工業革命嗎？雖然以前窮困的生活沒有翔實記載下來，但是我不相信有人會否認這些事實。我當然知道，任何民族任何時候，懷舊之情、傳說故事和醜陋的勢利眼的影響力，都無所不在，這些故事總是代代相傳，就像我們小時候聽到的一樣，當然我小時候也不例外。

我還記得馬凌諾斯基曾教導我們，人都以為他們聽到的傳說故事是真的。當任何人被問及前世，如果他還算謙虛，他通常會回答自己的前世可能是詹姆斯一世（一六〇三－一六二五年時的英國國王）時的神職人員，或者是十八世紀的地方仕紳。不過這兩個身分他可能都沒擁有過，因為他前世最可能的身分就是一介農夫，想想看，每當我們談到自己的祖先時，他們不是幾乎都是務農出身的嗎？

我過去以為不必試著去說服那些懷舊的死硬派，結果證明我錯了。還好現在已經有很多專業學者在研究工業革命之前的社會歷史了，所以我想我不必再多說什麼。英國和法國在十七到十八世紀間，農人和其他農業社會勞動人口真實的生活情況，目前我們已經略知梗概了，其中最重要的一點就是，他們當時的生活條件真的很不好，他們的日子確實不好過。普朗曾經在一篇評論心態懷舊、華而不實的文章中提到：「如果每個人都能自由選擇的話，沒有人會選擇出生在過去的社會裡，除非他確定自己會投胎到有錢人家，吃得好、穿得暖，或是他真能坦然面對自己孩子相繼死去的打擊。」

每個人都該知道法國人口統計學家在過去十年內的調查結果，關於這件事，沒有人能置身事外。在十七和十八世紀時，法國各地方政府都保有大量且精確的人口戶籍資料，所記載的內容也比英國的戶籍資料詳盡多了，英國的戶籍資料只會簡單記錄出生、結婚和死亡的日期，而法國的資料則可算是鉅細靡遺。現在法國各地都在對這些資料進行分析*。這些分析的結果告訴我們，那時法國的社會和現在的亞洲或者拉丁美洲沒有什麼兩樣。

統計學所用的表達方式雖然很乏味，但是分析出來的資料卻聳動而有說服力，歷史學家將這些統計資料解釋給我們聽：在十八世紀的法國鄉村裡，人的平均結婚年齡甚至比平均死亡年齡還要大。當時他們的平均壽命大概只有我們現在的三分之一，而且因為很多女性都死於分娩，所以女性的平均壽命比男人短得多（現在的情況也差不多，不過在一些比較幸運的國家，女人的平均壽命已可能跟男人一樣長了）。社會上大部分的人都死於飢餓†，看來饑荒在當時是很常見的。

---

*參見 I.N.E.D. (Institut National d'Etudes Démographiques, Paris) 的出版品。例如 M. Fleury and L. Henry, Des registres paroissiaux à l'histoire de la population, I.N.E.D., 1956; J. Meuvret, Les crises de subsistances et la démographique de la France d'Ancien Régime, *Population*, 1946.

†換言之，農人都餓死了，有錢的少數人則存活下來。最近對十七世紀的瑞典所做的研究指出，通常飢饉的荒年都是跟隨著流行一整年的疾病而來，這種流行病殺死年輕人、老人和過度勞累的人。

英國的資料雖然不像法國那麼完整，但是萊斯雷特和同事已經找到一些十七世紀晚期的戶籍資料＊，並且著手研究。目前這項研究已經得出引人注目的結論。英國的狀況和法國大抵相似，唯一不同的是至今我們仍找不到英格蘭有週期性饑荒的證據，蘇格蘭的貧民區則一直流行著可怕的地方性疾病。

很多其他方面的證據，也顯示出同樣的結果。從這些結果看來，沒有人可以說，工業革命之前是一個美麗的伊甸園，最後則是因為應用科學的邪惡機器，才把我們的祖先趕出來。可有哪一位嚮往這種傳說的人能夠告訴我，這個伊甸園究竟在哪裡？何時出現過？請告訴我確實的歷史時期和地理位置，也就是它所存在的真正時空，不能憑空捏造。因為只有這樣，社會歷史學家才能去檢驗這個例子，做出令人尊敬的討論。

真正的情況一點也不令人尊敬。當專家已經在大眾面前證明過去的社會並不像傳說中那樣美好時，我們竟然還在談論或教導下一代錯誤的社會歷史。普朗就曾公開批評過，到現在還有人將那些已被他證明是「無稽之談」的歷史教給下一代。對每個受過嚴格教育訓練的人來說，相信這種無稽之談真的很奇怪，奇怪得好像閱讀已經不再是一種流行的活動。事實上，只要我們閱讀，就可以發現五十年前教的那些歷史早就被推翻了。這種感覺就好像：物理學老師年復一年精確地講授電磁波理論，完全無視於量子力學的發展，而那些電磁波理論早已被量子力學取代了。以這種特有的堅持教導過去的錯誤歷史，就好像緊抱著某個正在衰亡的宗教教義一樣。

每個懷舊的人都應該正視社會歷史學家所找到的證據，這是很重要的，唯有如此，我們才能建立起大家對事實的共識。我們當然可以跟下一代講述神話傳說，但是當這些傳說被以為是事實，而又已被證明是虛假的時候，這些傳說就成了謊言，我們絕不能用謊言來教育下一代。

我限制自己只談人的基本必需品。我覺得人應該活下去，不該死亡，人不該挨餓，不該眼睜睜地看著自己的孩子死去。如果我們不視自己為人類同胞的一份子，如果我們不能對他們的基本需求感同身受，那麼任何同情、憐憫的說詞，都只不過是打高空而已。所幸我們之中大部分的人，都不會這麼無動於衷。

親身經歷過物質和身體苦難的人，都會知道即使在平日冷漠相待的熟人，在基本

---

* 例如：P. Laslett and J. Harrison, 'Clayworth and Cogenhoe, *Historical Essays 1600-1750* (A. & C. Black, 1963).

必需品缺乏時都會真誠地為他們著想。這種憐憫之情是發自內心的，它同時也說明了，我們不能否認自己內心的善良本性。

因此，我們無法擺脫社會情境，我們就是社會情境的一部分，我們無法否認這件事。有上百萬的人，像我們一樣住在其他幸運的國家裡，在過去一百五十年裡，藉著應用科學的巨大變革，獲得基本必需品的滿足；另外還有上億的人口，也將要獲得這些基本必需品。很明顯，這些國家遲早會開始進行科學革命，到那時，就會爆發一場目前我們所知最大的革命。我們現在所處的生活環境，歷經三、四代就迅速改善成形。現在，變革的腳步更快。接下來科學革命帶來的變革必然會遠比現在更快。我們在這場變革中，既是參與者，也是旁觀者。我們對這個變革採取什麼回應態度將會影響（經常決定性地影響）世界上那些我們喜歡或討厭的國家，影響到我們的所作所為，影響到我們珍視或從事的藝術創作、我們對科學欣賞的本質。我們採取了什麼樣的回應，也會影響到我們教育上一些簡單實用的提案，甚至徹底地開啟一場教育辯論。

六

我們才剛開始生活在科學工業革命後的世界，就已經開始採取一些正面措施來控制它，不但要從中獲益，同時也彌補它所帶來的損失。從生活品質來看，新興的工業社會，如義大利北方和瑞典，就跟已進入工業社會一段時間的蘭開郡（英格蘭西北部的一郡）和美國新英格蘭不太相同。我們的想像力還沒有完全了解這整個過程。我們這些評論科學革命的人其實是旁觀者，比那些才剛要參與科學革命的人多一點點優勢，而這個位置也是最危險的。

有一點一直很明顯，那就是當人們急著參與工業革命時，絕不會把那些反對工業革命的旁觀者放在眼裡。當初我發表這篇演說時，這種情況在世界各地的各個社群中，都是顯而易見的。我們應該去詢問世界各地的參與者的意見，而不是我們這群比較幸運的人，不是我們這些自以為知道什麼對他們比較好的人的意見。

那些戀舊旁觀者的熱情是如此強烈，強烈到好像人可以離群索居。不過我相信，在每個人深沉的心靈直觀裡，有一些東西驅使最年輕的人即使能自由選擇，仍舊選擇住在城市裡；有一些東西驅使所有居於弱勢的人喜歡一個高度結構的社會，甚於一個權力關係簡單的社會。

上述第一種行為，大部分的年輕人都想住在城市裡的理由，大家應該都很容易了解，不需要我再解釋了：誰沒有年輕過呢？不過第二種行為的理由就比較微妙了。嗯！我或許可以從相反的角度，舉個例子來說明。我想起勞倫斯曾經思考過的一段故事*，這段故事出自達納《當水手前的那兩年》一書。這段故事很長，而且一定要全部讀完，才能了解其中的涵義：整段的大意就是在說，達納對於船長鞭打水手山姆感到不滿，不過勞倫斯倒覺得達納沒什麼好不滿的，他自己就很贊成船長的行為。

（勞倫斯的評論）

從本質上來看，不管是主人和奴隸，還是主人和僕人的關係，都像愛情一樣，是一條連續的兩極化水流。在主僕之間有一股機械力量的循環，我們可以想像這股力量像水流一樣，這股水流循環且來回流動，這股水流對主僕兩人都非常重要，使得主僕兩方能夠維持一個微妙、來回又有活力的平衡狀態。就算你不承認，這種關係也一樣存在。但是一旦將主僕的關係抽象化，並且把它當成一種意識形態，只想到生產、報酬、績效等等，那麼每個人就只會把自己當成一種生財工具，做著重複單調的工作，如此一來，我們就把主僕間那種充滿活力和來回的主僕循環關係，理解成機械零件間的關係。這雖然也是一種生活方式，但卻完全違反了生活的本質。

＊＊＊

鞭打。

想像山姆是你的同僚，一個又肥又懶散的傢伙，隨著日子一天天過去，他的表現更是每下愈況，船長在管他的時候，也變得愈來愈急躁。到了後來，山姆只是懶散地在地上打滾，這不僅使你感到厭惡，船長更是氣得臉紅脖子粗。

現在船長和山姆兩個人，正處在一個很不穩定的命令服從關係。一條兩極化的水流正在他們彼此之間，兩個很明顯的極端。

＊勞倫斯，《美國古典文學研究》（*Studies in Classic American Literature*），第九章。

＊＊＊

憤怒的船長大吼：「把這個狗雜碎綁起來！」

鞭子一下一下地打在山姆裸露的背上，他蜷曲得像隻貓兒似的。到底是怎麼一回事啊？天哪！這一幕真是讓人毛骨悚然，船長盛怒的皮鞭，一鞭鞭地打得山姆皮破血流、皮開肉綻，啪！啪！隨著燈光搖曳，鞭打聲也迴盪在人們的心頭。

不過這麼一打似乎把山姆的靈魂打醒了，開始活動、開始振作，就連懶散的血液，也開始快速地流動起來，神智也清醒了，鞭打似乎使他獲得了新生。山姆有了全新的生活，神清氣爽、有條有理；船長也放下了重擔，他的管理工作因此輕鬆不少。

兩人之間有了新的平衡、新的開始，山姆的「肉體」智慧恢復了，他的懶惰浮華被船長驅逐了。

這是人類自然的互動形式。

對山姆來說，被鞭打是好事，我覺得在這種情況下，船長能打山姆一頓是件好事。

勞倫斯的反應，正好和那些「從沒拿過或沒想過自己會拿鞭子的人們」會有的反應完全相反，他們是世界上絕大多數的窮人，那些沒有特權又擁擠喧囂的同胞。這些人可能不像山姆那樣懶惰，然而他們一點也不喜歡受人控制。他們一點也不接受盧梭說的那些虛幻理念：「直接表達情感的德行」、「機械力量的循環」（the circuit of vitalism）*，或是「生命血淋淋的接觸」（the blood contact of life）。他們是在受者那端，忍受別人的脾氣；他們絕不會浪漫地幻想自己和主子之間有什麼美好的主僕關係；恐怕只有那些費盡心思，努力想從最低階層往上爬的傢伙，才會有這種錯覺。過了這麼久的苦日子後，他們知道直接行使的權力真正意味什麼。如果你想以最具有人性和智慧的眼睛了解權力，請讀布魯諾．貝多漢（Bruno Bettelheim）的《有教養的心靈》（*The Informed Heart*）。

這些低下階層的人一定都希望，能離「船長－山姆」式的社會愈遠愈好，所謂的

*在整段文章中，偽科學的術語俯拾即是。

「船長－山姆」式的社會，當然就是指那種階級分明的社會。工會、勞資談判，現代工業化社會的整個體制，那些沒過過苦日子的人，可能會對這類組織極為反感；但是他們這種行為就好像帶有倒鉤的鐵絲在阻撓「個人意志的直接表達」。有朝一日，這些窮人開始要脫離他們無助的情境時，這些窮人的個人意志將首先受到阻撓。

七

雖然科學革命不停地在我們周圍展開，但是我們的文學界到底對它了解多少呢？這也是我在那場演講中的主題，然而直到現在這個問題都還沒什麼進展。未來幾年內，很可能就會有人開始對這些問題進行研究。站在我的立場，我當然很希望這部分的討論能讓我們把這些問題看得更清楚。接下來我將提出一、兩點意見，表達我目前的想法，我之所以這麼做，當然是因為我自認可以提出一些建設性的意見。

請容我先把話題扯遠一點。我覺得杜斯妥也夫斯基是世界上最棒的小說家，當我在二十歲讀完《卡拉馬助夫兄弟們》後，就覺得這是有史以來最偉大的長篇小說，其作者無疑是世界上最重要的小說家。隨著年齡的增長，我的熱情變得比較有所保留，年紀愈大，托爾斯泰對我的意義反而更重要。但是杜斯妥也夫斯基仍是當今我最推崇的小說家，除了托爾斯泰以外，只有另外兩、三位小說家，能在我心中占有跟他相同的分量。

這些個人喜好的告白並非和我將要談的主題完全無關。在最偉大的小說家裡，杜斯妥也夫斯基將自己的社會態度表達得最為明顯。他不是表達在小說裡，而是在《作家日記》，這是一八七六到八〇年間每月出版的刊物，當時他五十多歲，名聲也正處於巔峰狀態。這本期刊從寫作到出版，都由他一手包辦，他在書裡答覆讀者提出的問題，都是出自肺腑之言，而且這些建言幾乎都又實際又充滿智慧；可惜他占用書中太多的篇幅做政治宣傳，把自己對社會和政治現狀的不滿，以及他覺得該採取的行動，都說得一清二楚。

他的主張確實滿恐怖的，即使放在九十年後的今天，也一樣恐怖。他是激烈的反猶太份子；他祈禱戰爭；他反對任何形式任何時期的解放；他是貴族政體的狂熱擁護者。他也熱烈地想要改善一般民眾的生活（一個前提是，人民要熱愛自己所受的苦，因為他們因受苦而顯得高貴）。他確實是極端的反動份子，雖然其他作家也有過類似的主張，但是他們都沒有他那種出自本性的力量，沒有他那種心理深度和複雜度。有一點是值得注意的，那就是杜斯妥也夫斯基所說的話都不是憑空想像，不像勞倫斯總是離群索居，然後遠遠地提出告誡，這樣總讓他的話顯得不實際，有點可惜＊。杜斯妥也夫斯基深入社會、深入生活，所以他的日記非常有影響力，並且成為極端保守主義者的代言人，對保守人士來說，他就好像是那些保守份子幕後的祕密心理治療師。

我的社會觀跟他完全不同，但是如果我跟他生活在同一個時代，是他的同儕，他一定會試著把我拉進他的陣營裡。現在我知道他是一個偉大的作家，我的仰慕不完全是客觀冷眼的評論，而是具有溫暖的敬意。俄國人對他的反應也跟我有點像，也就是說，如果他真是個夠好的作家，後人終將會原諒他的過錯†。沒有人會贊成杜斯妥也夫斯基的想法，他的觀念所造成的傷害也有限。跟仁慈、心胸開闊的車爾尼雪夫斯基比起來，車爾尼雪夫斯基對未來世界的看法，恰好跟杜斯妥也夫斯基相反，而且他的遠見目前也已獲證實，確實比較接近實際情況。車爾尼雪夫斯基對社會懷抱著善意和熱情，所以能保持神智清明的狀態，但是後人仍然略過杜氏錯誤有害的判斷不提，因此杜氏的書才能存活到今天。到底要選《將發生什麼事？》，還是《卡拉馬助夫兄弟們》來看呢？如果後人對這兩人的背景和歷史都很清楚的話，他們恐怕只會露出一抹無情、勉強、譏諷的微笑，至於要選誰，他們當然早就了然於胸。

未來的情形恐怕也差不多，人不了解變遷的本質，只因科學革命會引起我們無法想像的變化，就對它處處防範。人心中想的、嘴裡說的、腦海中期盼的，就好像所有的文學判斷都會永遠採取當代《泰晤士報》或《紐約時報》的觀點，好像我們已經到達了知識份子可以永久歇息的最終社會狀況。這種想法當然很荒謬，社會的基礎會改變，教育的形式會改變、看法會改變，而且改變的速度比《愛丁堡》期刊和《黨人》

---

*在《彩虹》（*The Rainbow*）一書的第十二章裡，就可以找到例子，不過例子還多的是，這不過是其中一個而已。「烏蘇拉的心中充滿了憎恨，如果可以的話，她會打爛這部機器。她的心被這部大機器搖撼著，如果她能毀了煤礦礦坑，讓維京斯頓所有的男人都不能再工作，她真的會這麼做。讓他們餓得去挖樹根來吃，也比現在像蚯蚓一樣地工作著好多了。」這是盧德份子的典型看法，注意他用了「他們」這個詞，是「他們」那些人被規勸要為打爛機器犧牲和付出代價。如果杜斯妥也夫斯基要鼓勵盧德份子的行為，他不會僅止於這種亂無章法的勸說，他會寫出一套可以破壞機器的行動綱領。

†奧登（W. H. Auden, 1907-1973，英裔美籍詩人，附帶一提，他是百年來少數受過科學教育又具有科學　涵的詩人）把這個想法寫在《紀念葉慈》（*In Memory of Yeats*）裡，而且他用了更好的方式表達。

期刊的那段期間遠為快速。這麼說一點也不主觀。主要作家都能在這個各種事物推陳出新的時代中存活下來，他們抗拒意識形態的影響，包括了他們自己原有的意識形態。當我們讀各種出版品時，我們的想像力可以無遠弗屆，但是我們的信念卻常常是狹隘的。如果我們建構了一個信仰架構，把一切不符合這個信仰架構的東西都排除掉，我們只會使得自己變得更平庸*。談到當代文學家中我最推崇哪幾位，我想應該是瑪拉末†、格雷夫斯‡、高定◎，即使他們三人的作品與那些和我有關的框架或意識形態一點都不相合，他們都會受到後人的尊敬。現代文學運動中那些重要的天才，都還會繼續受到後代的尊敬，好比杜斯妥也夫斯基這個遙遠又奇怪的時代先驅，作為西方文學的前衛份子，一直到今日都還受人尊敬。

今日我們常稱呼這些參與文學現代化運動的作家為現代主義者或現代化的人，這個稱呼對這個學派來說有點奇怪，他們肇始於十九世紀，而且幾乎沒有留下任何積極的實踐份子。反正這只是個名字而已，如果你不喜歡，也可以把它當成是對新學派或新藝術風格的形容詞。總之，我們對它的含意心裡有數就好了，我們都會同意以下是現代主義的代表人物：拉福吉、亨利·詹姆斯、杜扎丁、桃樂西·理查生、艾略特、葉慈、龐德、赫彌、喬伊斯、勞倫斯、所羅格、安卓瑞·貝禮#、沃爾夫、劉易斯、紀德、謬尼爾、卡夫卡、班、瓦萊里、福克納，及貝克特等。

人們可以根據自己的喜好，還有他們對現代主義的實際影響所持有的態度，來決定是要把其他人加入這個名單中，還是要從名單中剔除[§]。例如喬治·盧卡奇，這位迄今對現代主義最有力的反對者，就反對將湯瑪斯·曼[%]列入；而特里林因為是現代

---

*這個詞不論在英國還是在美國，都有相同的意義。

†譯注：瑪拉末（1914-1986），美國小說家，作品多取材於美國猶太人的生活。

‡譯注：格雷夫斯（1895-1985），英國詩人、小說家及評論家。

◎譯注：高定（1911-1993），英國小說家，一九八三年諾貝爾文學獎得主，作品諷諭人性中固有的邪惡與理性的文明間的矛盾，代表作為長篇小說《蒼蠅王》。

#蘇俄現代主義的文學（和其他現代主義藝術形式），自契訶夫逝世後就一直盛行到革命，甚至革命之後。當代的蘇俄人說（他們經常這麼說），他們已經太熟悉現代主義，而一點也不再會去想現代主義，他們這可不是吹牛。

§史提威（Sitwell, Dame Edith）曾被問到，她到底算不算是現代主義者，她的回答是，不管從什麼角度來回答這個問題，現代主義都是錯的。

%譯注：湯瑪斯·曼（1875-1955），德國小說家，一九二九年諾貝爾文學獎得主，著有《魔山》等。

主義忠貞的擁護者，則會將湯瑪斯・曼加入名單。

我們大部分的人應該都同意，過去一段時間裡，現代主義運動雖然沒有吸引到西方文學界所有大師級人物，但是也已經網羅了絕大部分。大家應該也會進一步同意，所有作家的作品都有其獨立存在的意義，像杜斯妥也夫斯基那樣偉大的現代主義大師，他的意志就超越了他身處的那個變遷中文化內部的各種論述。但是站在社會的角度，現代主義運動又代表什麼意義呢？也就是說，它的社會根源是什麼？它對社會的影響又是什麼？在我們現在這個文化分裂的時代，它有什麼意義？對未來又有什麼影響？關於這些議題，各方意見不一，我們不應該故意忽視意見的不一致，這些不一致的意見還會持續到我們大部分人死了以後。

最近有三篇很有趣的文章，分別是特里林的〈現代文學中的現代成分〉*，史班德的《現代的奮鬥》†、盧卡奇的《當代寫實主義的意義》‡。首先應該注意的就是，當他們談到現代主義和現代文學時，其實是在談同樣的東西，這一點大家應該看得出來。雖然他們對現代主義評價不一、分析的架構也不一樣，但是除此之外，他們共同談論的對象本質卻相同。

把盧卡奇和特里林拿來比較，是件很有趣的事。他們倆都是聰明的傢伙，長處也相同；他們都從非文學的領域帶了一些工具來作文學批評：盧卡奇來自哲學界和經濟學界；特里林則出身自佛洛伊德心理學派。他們給大家的共同印象是不注重經驗，當他們有時想要表現得更像從經驗出發時，總是表現得太過火。在現代主義的議題上，盧卡奇是溫和有禮的反對派，特里林則是全心全意支持。經過長時間的分析後，盧卡奇發現現代主義的特色是：拒絕敘述的客觀性、人的整體性的瓦解、對人類處境採取靜態觀點（這裡的人類處境就是我前面談的人的「社會情境」）。

我們大多數人對特里林的觀點更為熟悉，以下是他最近一篇論文中的一段，清楚地表達了他的觀點：

＊*Partisan Review Anthology*, 1962。我應該提過我對特里林關於《兩種文化》的評論（*Commentary*, Jun. 1959）感到很迷惑。沒有比一個作家被人錯誤地代表還要更厭煩；然而這通常是作家自己的錯。但是我覺得特里林不但把我沒有表達過，也不贊同的一些文學觀點推給我，而且還用了一些連他都不贊同的觀點來攻擊那些並非我提出的觀點。馬丁·格林（Martin Green）就這點提出了適當的評論，他很客觀，而且表達得比我好多了（*Essays in Criticism*, Winter 1963）。

†S.Spender, *The Struggle of the Modern*, Hamish Hamilton, 1962.

‡G. Lukàcs, *The Meaning of Contemporary Realism*, Merlin, 1962; first published in German, 1957.

《魔山》一書的作者曾說過，從他每部作品中，都可以看到他為了想從中產階級中逃離所作的努力，這種說法當然也適合用來描述所有現代文學的目的……現代文學的目的不是要逃離中產階級，其實是要逃離社會本身。我敢說，失去自己甚至搞到自毀的程度、讓自己沉溺在完全的經驗世界中，不顧自己的利益或道德意識、完全脫離社會的臍帶，這些念頭多少都存在於「每個敢去思考阿諾德所說『精神圓融的完滿』（fullness of spiritual perfection）狀態的現代人」的腦袋中，阿諾德當初是用不加修飾的維多利亞式的方式，來表達這個詞。

仔細讀這些評論，仔細去體會它們，我常常就這樣一篇接著一篇地讀著盧卡奇和特里林的論文，看他們的論文，讓我有種似曾相識的感覺。他們兩方看來如此不同的見解，難道不是出自相同的社會現象？他倆一個贊成現代主義，一個反對，但是兩人的意見其實是有關聯的。他們對現代主義的社會成因意見不一致，那是因為兩人都太謹慎了，所以才不相信事情有這麼簡單。就好像哈利·賴文的研究*，他主張十九世紀古典寫實主義的社會起源比我們一直以為的還要複雜。

盧卡奇和特里林都在描述過去真正發生過的事件，他們文字表象下的意思經常一致。特里林「逃離社會的自由」（freedom from society）的理念，是以社會的靜態觀點為前提。這是一種很浪漫的理念，藝術家甚至可以把它發展到極致。然而，這種浪漫觀點只有在社會不變遷，科學革命不影響社會的情況下，才有它充分的意義。這種浪漫的態度，會使整個情況出現明顯的二分：對於個人情境抱持樂觀看法；但是對於社會情境，則很悲觀。特里林是如此嚴謹的人，當然不會讓這種錯誤發生。但是對那些最死氣沉沉的現代文學作家來說，這種看法可是很誘惑人的。

我發現自己問了一個問題，這個問題不玩弄辭藻，而我也還沒找到答案，我會很樂於知道答案。問題就是：科學革命的希望到底能散播到多遠的地方？到底能跟多少人分享？這是對他國人民來說最困難謙卑的希望。同時，我們剛才所提到的文學作品，到底能拋開多少限制來一起推廣這場科學革命？

＊哈利．賴文，《號角的大門》（*The Gates of Horn*, Oxford, 1963）。

八

最後要談的是，有人說我那場演講絕口不提政治，乍看之下有點奇怪，因為跟同時期的作家比起來，我之前的作品，不管是小說還是論文，都常提到政治，尤其常提到政治「內幕」（也就是說，我常會把觸角深入權力集團真正作決策的方式，而不僅僅是對政治的期許）。事實上，這類批評我並不陌生，對於這些人來說「政治」這個詞有非常特定的用法，和它明顯該傳達的意思很不一樣。他們所謂的「政治」比我們大多數人接受的要狹隘得多，在我看來，這是極其危險的。明白地說，他們口中的「政治」就是冷戰的進行。他們批評我，冷戰在一九五九年之前早已展開，但是我卻沒有在演講中提到冷戰這件事，或者有些人批評得更激烈，認為我無法接受冷戰是我們這個時代最基本絕對的事實，認為我無法接受冷戰會一直持續下去。

我當然無法接受冷戰會是永遠的絕對事實，一九五九年時不接受，就算好幾年前也不接受。對我來說，幾乎每個徵兆——人性、經濟，最重要的是技術發展——都指向了和冷戰截然不同的方向。如果大家對軍事科技有一點認識的話，就會知道它的本質很詭異，雖然它會讓危機變得更嚴重，可是它也成為我們的希望，軍事技術發展中斷將使得冷戰無法繼續下去。這點是相當明顯的。這種潛藏在公開言論底下的政治，才是我關心的，我的判斷也都是基於此。然而我有些評論是錯的，例如：我在瑞德演講中過分高估了中國工業化的速度。但是愈重要的事情，隨著時間的檢驗，可以發現我的判斷和預測就愈準確。

這些評論讓我重新回到當初的主要論點，我想試著再把自己的意思表達得清楚些。兩種文化之間不能或是不願意溝通，都是件危險的事。在一個科學可以決定我們命運，亦即可以決定我們生死的時代，即使從最實際的角度來看，文化的分裂都是危險的：科學家可能會提出不好的建議*，而決策者可能無法知道孰好孰壞；另一方面，科學家可能會提出一些只對他們有潛在好處的知識。這種種問題使得政治過程更為複雜，在某些方面甚至還會造成危機。因為上述決策的困難，我們為了避免某個災難，或者為了滿足某個明確的社會期望，得要等上好久，甚至還沒有結果，這些等待將會挑戰我們原有的良心和善意。

---

*我在《科學和政府》（*Science and Government*）及該書附錄中，都提過這個問題（一九六二年由新美國圖書館共同出版）。

目前我們憑藉著僅存的一些教育涵養，忍受這種政治過程，花費龐大力氣想去聽懂一些一點都不重要的訊息，好像鴨子聽雷一樣。有時應用科學的邏輯還修改或塑造了政治過程本身——這恐怕時常發生。核彈測試尤其影響政治過程，我們很幸運地在這個過程中看到人類的勝利（這些情況在我們這個時代並不常見）。如果受過教育的人對應用科學邏輯的了解就像對語言邏輯一樣多，人類的這個勝利應該能更早到來。我們仍然不要小看人類的勝利成就。我朋友在一九四〇年夏天曾告訴我：最糟的事不會一直發生。我開始相信，當科學挑戰我們時，我們應該要避開或是防止更大危機的發生。如果現在讓我再寫一次演講稿，我想我還是會有些焦慮，不過比較不會那麼恐懼了。

避開應用科學所造成的危機是一回事，把應用科學賦予我們的力量簡單清楚地好好運用，又是另外一回事，而且更困難，對人性的要求也更高，然而最後一定可以讓我們獲益匪淺。它需要我們的活力、我們自我了解的知識、新技術，也需要我們對政治的新看法（不管是政治的內幕還是公開面）。

無論是四年前，還是現在，我的演講一直有個預設：基本上，我說話的對象是那些從事教育或受過教育的人，我所談的也是我們都能理解的問題。沒錯！單單只改革教育不能解決我們的問題；但是如果不改革教育，我們甚至會連問題是什麼都聽不懂。

改革教育不是為了製造什麼奇蹟。文化上的分歧已經讓我們變得太過遲鈍，我們應該開始恢復溝通。但是就像我之前提過的，我們不是要使所有人了解世界的程度像弗蘭契斯卡*、巴斯卡或歌德一樣多。可是，如果我們運氣好，我們可以教育出更多比我們更美好的心靈，不論在藝術或科學方面，他們都不會忽視「充滿想像力的經驗」的重要性，他們不會忽視應用科學可以為人類帶來什麼，不會忽視大多數同胞的苦難可以被解除的事實，不會忽視也不會逃避他們親眼看到的責任。

*譯注：弗蘭契斯卡（1420-1492），義大利文藝復興時期畫家。

第四部

在「兩種文化」之後

柯里尼

回響與爭議

雖然從史諾引進「兩種文化」概念之後，引發的各種形式討論從未間斷，但早期的回應最為密集，也最具啟示性。尤其是其中一段插曲：李維斯對史諾及其一九六二年演講的強烈抨擊所造成的騷動。這基本上是兩種對人類福祉截然不同想法的衝突，並且，部分由於它掀起這種強烈情緒（及強烈用語）的公開表達，因此就成了史諾所指出之分野（即「兩種文化」）的最佳表徵。

史諾在瑞德演講的文稿，分兩部分發表於《邂逅》期刊的一九五九年六月號與七月號，然後八月號上立即有一個綜合各家回應的小專輯*。這些回應一面倒的持肯定立場，讚許史諾「明智的」描繪了兩種文化的分離†（歷史學家普朗表達了一點補

---

*C. P. Snow, 'The Two Cultures and the Scientific Revolution', *Encounter*, 12(June 1959), 17-24; 13 (July 1959), 22-7，'"The Two Cultures": a Discussion of C. P. Snow's Views', 13 (August 1959), 67-73，其中包括 Walter Allen, Bernard Lovell, J. H. Plumb, David Riesman, Bertrand Russel, John Cockcroft 及 Michael Ayrton 等人的評論。

充，他認為史諾所提出的對立緊張，其實是一個更大的社會發展的一部分，也就是科學家作為一個新階級，對於在一九一〇年到五〇年全面統治的上層中產文學菁英，帶來嚴重的威脅），此外，絕大多數回應者很清楚地表示，他們相信（無論是否明說）當務之急乃是提升科學的地位，並提升非科學家的科學素養，而不是提升科學家的文學素養。這篇講稿同時也引來了國際上的評論，一般都對史諾診斷出這個日益迫切的現代問題，表達正面的肯定。

因此，當史諾答覆這第一波的回應時，有充分的理由感到滿意：「『兩種文化』的概念已被接受，同樣地，人們也接受了兩者之間所存在的鴻溝」‡。事實上，史諾現在要把它推得更遠：「兩種文化的分離，乃是先進工業社會的必然發展。」不過他仍再一次回到了他的核心關懷（雖然這次加上了些許修飾），亦即描述二十世紀的作家們，如何倡導一種對「工業科學革命」的普遍而自私的敵視（他明白的主張，十八世紀晚期的工業革命，只是科學在工業上應用的漫長過程中的第一階段）。值得注意的是，他「答覆」的主要篇幅，都花在再次陳述上述的案例，以對抗文學與文化評論者對他樂觀的科技至上主義的批評（例如班托克一位年老的監票官）◎。在這第一波的回應之後，對史諾論點的關注開始減少，但事後證明這只是風雨前的寧靜，隨之而來的是一場規模驚人的爭論。

李維斯原本是劍橋大學的英國文學講師，於一九六二年夏天退休，在三十多年的時間裡，他一直是英語世界最獨特、最受爭議及最富影響力的文學評論家，雖然他長期對自己未得到應有的肯定而感不滿（例如，他服務的大學，直到他退休前三年，才把他升到講師的職位）。他的評論帶著強烈（常被視為凶猛）的態度，總是鼓吹「大河」文學（'great' literature）（對其他形式的文學則不太感興趣），認為它是包含人類最富生機#之作品的獨特寶庫。在他看來，面對當代大眾社會各主流力量所合力鼓

---

†在八十七歲的羅素（Bertrand Russel）寄去的簡短回應裡，聲稱兩種文化的分離是相當晚近才開始的。他試著以下面的話來證明：「發明動力織布機的卡特賴特（Edmund Cartwright, 1743-1823）是我祖父的老師，他教我祖父如何詮釋賀拉西（Horace, 65-8 BC，羅馬詩人與諷刺文學家）的作品。」但他隨後加上了一句話，似乎反倒有些削弱了上述例證：「就我所知，我祖父從來不知道他發明了動力織布機。」

‡C. P. Snow, 'The "Two Cultures" Controversy: Afterthoughts', *Encounter*, 14(Feb, 1960), 64-8.

◎G. H. Bantock, 'A Scream of Horror', *The Listener* (17 Sept. 1959), 427-8.

#譯注：這裡作者用語是「vital」，並且強調包含它的每個涵義，因此就包括「活力」、「生機」、「極端重要」等。

吹的粗俗與腐化，唯一足以對抗的解藥，就是這些無可比擬的創作所表達出的複雜而深刻的體驗。因此對李維斯而言，英國文學的評論與教學，乃是一個重大的使命，甚至是神聖的任務。對於輕薄型、自我陶醉型或單純流行的文學，他一概無法忍受；清教徒的認真態度，加上對時間的高度敏感，使他的字典從未出現妥協與共存。愈來愈少的人與書能逃過他尖銳的嘲諷，但同時他也愈來愈苦悶與孤獨。在這樣的脈絡下，劍橋大學唐寧學院——也就是他任職的學院——的學生，在一九六二年邀請他在「李奇蒙講座」演講。李維斯當時還未公開發表過對於史諾之「兩種文化」論題的看法，不過當他發表了之後，卻使得這整個事件到今天都還常被稱為「史諾－李維斯之爭論」＊。

回想起來，我們只能感覺，如果一位殘酷的天神準備將李維斯最憎惡的幾個特質體現在一個人身上的話，祂創造出來的必然就是史諾。更不用懷疑李維斯對於史諾小說的評價了，對於他所認為膚淺、機械或單純流行的作品，李維斯的輕蔑是無遠弗屆的。至於史諾的作品在一九四〇年代晚期與一九五〇年代受到倫敦文壇高度的評價，李維斯認為這正進一步證明這些人的膚淺與虛有其表。在那個圈子，那個由「文學的倫敦」、衣冠楚楚的雞尾酒晚宴、週日報紙的書評、《新政治家》或ＢＢＣ第三節目部裡提出的最新「觀點」所構成的世界裡，史諾可以左右逢源且聲譽日隆。但史諾同時卻是一個技術官僚，一個為以下主張代言的人：即把人類經驗予以（李維斯稱之為）「科技／邊沁式」簡化，成為可計算、可測量、可掌握的事物。而且，史諾胡亂地闖進了二十世紀英國文化最敏感的地帶之一：評價工業革命對人類社會的影響。

李維斯對史諾的鄙視是全面性的。首先他針對史諾自許為權威的姿態與極端自負的語氣——「這種語氣我們可以說，只有天才才配得上，但我們也難以想像真正的天才會使用這樣的語氣。」史諾遠遠算不上是天才，他「在智識上平庸之至」；他的演講「展現出全然缺乏智識品味，以及難堪的粗鄙風格」；「史諾在智識上的空無一物，讓我們輕易地看穿他整個理論的虛假說服力」……李維斯正確地察覺到，史諾之所以會被視為「兩種文化」論的權威，部分原因是來自他具有科學家與成功小說家的雙重身分。為了打破這樣的權威，李維斯覺得他必須赤裸裸的揭穿史諾小說在文學上的價值，這裡他的攻訐對大多數人而言，有些太過於對人不對事：「史諾當然是一位

＊請參考 David K. Cornelius 與 Edwin St Vincent 合編的 *Cultures in Conflict: Perspectives on the Snow-Leavis Controversy* (Chicago, 1964)。

——喔，不對，我不能這樣說——事實上他不是；史諾只是自認為是個小說家」，但是，「他從未以一個小說家的身分存在過；他甚至還沒開始。他根本不知道什麼是小說，在他所寫故事的每一頁，都明顯地呈現這個事實」。類似的話還有許多。李維斯花了兩段的篇幅，將他所認為（雖然不只有他一人認為，這點必須強調）史諾作品的缺點，總結成一幅破敗的圖像——缺乏個性、對白拗口、總是藉由陳述而非自然呈現，以及狹隘的想像空間。李維斯甚至寫道（當然不能說毫無憑藉），當史諾描寫學術生活——這個照理說他最了解的世界——時，裡頭完全看不到它最主要的智識活動，以及它存在的意義。李維斯也不願讓史諾享有科學的權威，他斷然聲稱，瑞德講座根本不代表任何真正的科學訓練或素養；那只是「一場展現知識學問的秀」罷了，毫無嚴謹可言*。

李維斯把史諾的聲望視為一種症候、一種「預兆」，顯示當代社會對於一些能賦予生活意義的價值，已經無法發展出適切的描述。史諾以「繁榮」與「更好的生活品質」之類的語彙，填補了這個空缺，成為消費社會的預言者。李維斯特別不滿史諾的一點，是他毫無保留的相信工業化帶來的好處，而且竟然將質疑工業革命之社會成本的十九世紀作者，統統貼上「盧德份子」的標籤。接受——通常是局部性且不太舒服的接受——來自工業革命引進的改變，大概是最近這一百五十年來，英國文化核心的重頭戲。對於一個像李維斯這樣的人而言（雖然其實沒人真正像他；他是最沒有「代表性」的人），這段期間內的英國作家最光榮的事蹟之一，乃是他們對於工業發展為生活品質帶來的深遠破壞，所抱持的強烈痛苦感受。史諾在〈一九六三年重新審視兩種文化〉中，顯露他對這種難以討好態度的不耐：他表示，從歷史上看來，窮人總是用腳投票，也就是當工作機會來臨時，他們會毫不猶豫地走進工廠；而全世界窮國最大的希望，也都是擴展工業化帶來的物質利益†。

「史諾－李維斯之爭論」，明顯可視為英國文化史上另一場著名衝突的重演——

---

* F. R. Leavis, 'Two Cultures? The Significance of C. P. Snow', *Spectator* (9 Mar. 1962)，後來以 'Two Cultures? The Significance of Lord Snow' 之標題收錄於其著作 *Nor Shall My Sword: Discourses on Pluralism, Compassion and Social Hope* (London, 1972), pp.42, 44-5, 47 之引文。

† 史諾讀過威廉斯（Raymond Williams）一九五八年出版的 *Culture and Society*（本書第一二二頁引自柯立芝的話，顯然是來自該書第七十七頁），但該書對於「對工業主義的文學回應」的詳盡討論，似乎沒有動搖史諾的信念，他還是認定「文化」擁護者都沾染上盧德主義的汙點。

即浪漫主義者與功利主義者之爭論，包括柯立芝對邊沁，阿諾德對赫胥黎，及其他幾個較不常被提到的案例。在這樣的文化內戰中，每個新加入的對抗，總是承載著過去所有的恩恩怨怨；因此相爭的重點，往往超過檯面上論辯的議題。不過，李維斯對史諾的攻評，本身似乎就體現了史諾對於「文學知識份子」的負面形象，許多人看到李維斯粗野的批判，都感到既不解又駭異，認為唯一的解釋是某種個人因素，像忌妒或怨恨。然而，這種解釋既不必要且無法成立，事實上李維斯本身不妥協的性格，是其中重要因素，另一個重要因素，是他認為如果要處理根本性議題的話，他必須坦率直言——而這些根本性議題包括了史諾的權威與語氣的本質。但除此之外，要了解李維斯的攻訐，還必須更深層地了解一些隱藏在某種文學批評中的假設。

所謂的文學批評，往往處理的是文字的細微紋理，如果一件事描述得不好，在批評者看來，可能根本就等於它從未被描述過。對於文學批評來講，一般習慣對形式與內容的區分，在文學上是完全不成立的：一篇作品就是某些字彙以某種方式呈現——人不能輕易假設：某種「意義」蘊含在其中，雖然沒有適當地表達出來，但卻仍是作品傳遞的「訊息」。對文學批評者而言，鬆散、混亂、言之無物的文字，本身就洩露出作者思想上的貧乏，他們總是不放過這樣的缺點，最終甚至引為作品本身品質低劣的證據。但這樣的文字最多只是一種缺乏寫作能力的症狀，幾乎不能把它看作是具有充分意圖的表述。因此，文學批評在一般觀察者看來，時常都過於誇大了作家**個人**的失敗，或者太過吹毛求疵，忽略實際呈現——無論表達得如何拙劣或不清楚——的內容。

李維斯對史諾的回應，正好就是這樣的模式。他對於史諾鬆散而不精確的散文品質給予的嚴厲批評，不能說沒道理，而關於這種文字所顯露出來的「缺乏想像力、感知方面完全不夠細膩」，也算是相當中肯而具有普遍關聯性。但是，到底史諾的演講中蘊含了什麼，如何能讓這麼多不同文化背景的人，都認為他指出了一個重要問題——這部分李維斯對史諾文字的過度敏感反應，使他無法給出公正的評價。

李維斯的攻訐引發了劇烈的反彈，不過以現在的眼光看來，這些反應除了針對他的論證之外，還有不少是針對他的態度。李維斯的講稿在一九六二年三月九日的《旁觀者》上發表（值得一提的是，這個關於現代性的討論，卻是透過兩種傳統的媒介進行，也就是演講和期刊）。在該期刊的下一期裡，起碼有十六篇以上的來函是針對此文，而幾乎所有來函，都是譴責李維斯的批評過度激烈；再下一期又有十五篇相關來函發表，大量的討論信件持續湧入，其中愈來愈多支持李維斯的立場。三月三十日

《旁觀者》發表了一篇社論，主要批評史諾，認為他似乎主張科學提供的光芒，就足以引領全世界*。其中一封相當有意思的信，來自劍橋大學的神學家瑞芬，史諾最著名的小說《劍橋風雲》中的角色加戈，就是按照瑞芬的形象加以改寫。瑞芬來函的用語保持紳士風度，但卻帶有蔑視的態度，他表示史諾的小說，顯露出史諾根本不了解學術活動的本質，而他卻在演講中以一副絕對權威的姿態，談論這個主題；然而，「查爾斯爵士告訴我們的只是如何往上爬，這正是我們反對他的理由」†。

但在整個論戰中，最為有力，日後最常被引用的評論，是來自美國頂尖的文學與文化評論者特里林，一方面是因為他的博學與溫文儒雅早已負盛名，加上特里林治學之嚴謹，使得他對這件事的評論，無法被當作一般好辯或盲從之詞而輕易忽略。毫不意外地，他不贊同李維斯的語氣：「對於李維斯博士評論查爾斯爵士所用的語氣，我想不會有第二種意見。那是不好的語氣，不該有的語氣。」然而，即使在許多方面，特里林把自己與李維斯的批評劃清界線，但隨著文章的鋪陳，很清楚地看出他是比較支持李維斯的意見。特里林特別關注史諾在演講中將「一些主要現代主義作家的觀點」，輕易地推演成「文學知識份子」或更廣泛的「文學」；甚至（更值得商榷的）推演成「傳統文化」。這種看法最極致的呈現，出現在史諾以下的關鍵陳述：「真正掌控西方世界的還是傳統文化，並沒有因為科學的出現而有明顯衰微的傾向」（六十三頁）。但照這個觀點看來，「一些現代主義作家的看法」即等同於掌控西方世界的力量，這顯然說不通；如一向用語含蓄的特里林所言：「這是個令人困惑的陳述」，史諾這樣使用「傳統文化」字眼，到底要表達什麼？「這個文化，這個我們都同意稱它為文學的文化，它與作家及其作品的關係，和一般所稱『科學文化』與科學家及其實驗室工作的關係，兩者竟然被視為相同，這的確是個讓人訝異的想法」。與李維斯相同的是，對於史諾批評十九世紀文人對於工業革命不是感到遺憾就是完全忽視，特里林表示：「再沒什麼比這話更遠離事實。」‡

＊社論帶惡意的引用了詹姆斯（William James）的話：「在所有的半權威（相對於整體的真相本質而言）裡，最具代表的就是『科學家』……他們的興趣是最不完全的，態度自大，且帶著強烈偏執。雖然他們在所發現的事物上，有著傑出的權威，以及耀眼的成就，但他們仍是我看過最狹隘的團體。」*Spectator* (30 Mar. 1962), 387。

† *Spectator* (6 Apr. 1962), 443.

‡ Trilling, 'The Leavis-Snow Controversy', pp. 150, 156, 158。特里林在這些地方對史諾的詮釋受到格林（Martin Green）的挑戰，請見 Green, 'Lionel Trilling and the Two Cultures', *Essay in Criticism*, 13(1963), 375-85，本書一六一頁中注釋＊處，史諾也引用格林的論點。

照特里林的猜測，史諾演講中呈現的矛盾與誇大，唯一合理的解釋，乃是由於史諾太過全心追求一個目標，以致扭曲了他對其他事情的判斷，這個目標就是希望透過東西兩邊的科學家社群，發展彼此的相互了解，從而強化東西方關係，乃至促成世界和平。但在這裡特里林發現史諾演講的另一個問題：「演講中傳達出強烈的期盼，希望大家完全不理會政治」，特里林的結論特別顯得公正：「我認為《兩種文化》基本上是本帶有嚴重錯誤的書」；但他同時也認為李維斯的回應顯得有些本位而狹隘。特里林最精闢的洞見，來自於文化上的距離所帶來的覺察：他強調這兩位對立者之間，其實存在很多的共同點。兩人社會背景相仿，皆處於傳統社會菁英圈之外，且各自代表著同一種精神的兩面：「任何一個有活力而品味出眾的年輕人都會認為，如果找得出兩個人，願意奉獻自身給英格蘭、鄉土與責任，那必然就是李維斯和史諾」，在這個意義上，兩人都是「圓顱黨人」*†。

史諾直到一九七〇年才直接回應李維斯的攻訐，當時是因李維斯另一場演講的講稿重刊於《時代文學增刊》所引發。史諾明確指出，他認為李維斯違反了辯論的基本原則——也就是引文錯誤，並將他從未主張的意見歸諸於他，還提出許多明顯違背事實的陳述。但到了此時，這場辯論已經與英國高等教育擴充的問題複雜的糾結在一起了。史諾曾在一九六〇年代早期，倡議設立新大學；還為一九六三年「羅賓報告」（Robbins Report）的擴充主義原則背書；而在他短暫的公職生涯裡，也曾推動高科技學院的設立。因此當輿論開始反對「更多即是更差」，以及「擴張必然使教育標準降低」等看法時，史諾便被眾人視為積極推動教育擴張的代表。李維斯認為這樣的擴張，會使得他對於大學的理念——大學應在社會中扮演獨特的文明傳遞的角色——更難以實現，並且再次將史諾視為以下心態的代表：即以工具性及單純量化的方式理解人類的需求。這個議題，甚至這些論辯所用的字眼，往後在英國持續的教育體系改進過程中，都一次又一次的出現；更加顯示「兩種文化」的理念與廣大的社會甚至道德立場的複雜牽連。

另一個重要的社會發展，也在這裡占一席之地，如同在英國近代史中屢見不鮮

---

*譯注：圓顱黨（Roundheads）是在十七世紀英格蘭內戰中擁護國會者（相對於擁護皇室的騎士黨人），因為都把頭髮剪短，故名。

† Trilling, 'The Leavis-Snow Controversy', pp. 163, 171。特里林同時也注意到，李維斯「如眾所周知，對當代作家極少抱持好感，因此面對查爾斯爵士對這些作家的評價，李維斯實在無法姿態從容的為他們辯解」。

的，階級問題乃是其中關鍵。史諾對於當時傳統教育下的上層階級，仍然在英國公共領域占居主流地位，感到相當失望。他的文章始終鼓吹「選賢與能」的優點，主張由一群受過科學訓練的管理者組成「新階級」，不受各種傳統社會立場的牽絆。史諾在一九五六年的文章以及瑞德演講內容，都清楚表明他自己在科學家群體中，覺得自在許多；文章中隱約夾雜一些源自階級的不滿，一種在一九五〇年代許多小說家或劇作家作品中常見的不滿。

在其他的面向上，史諾的演講及其引發的回應，也是從屬於特定時期英國政治與文化的發展史。一九五〇年代末期是所謂的「人造衛星年代」，對軍事與經濟的急切渴望，轉變為科技競爭力的議題，然後，如威爾遜在一九六四年關於「科技革命的熾熱」的著名競選演說所表示的，培養科技實力成為英國「現代化」的憲章。在幾乎同一時期，還有另一本廣受注目的書《人文的危機》，是由史諾的朋友普朗所編（此書蒐羅了一些在以上的社會脈絡下討論史諾論點的文章）＊。普朗認為，傳統對於人文的概念，其實是屬於一個紳士的教育，把人塑造成統治階級的一員；這在今日社會已經過時，如今人文應該「自我調整，以符合一個科技為主流之社會的需求」。和史諾同樣的，普朗也將科學、民主和現代性連結在一塊，且認為三者都是英國所缺乏的。

「當前所需要的是，少一點對傳統的敬畏，多一點對美俄兩大強國教育體系的學習；這兩個國家都已試著改變教學內容，使之適合於二十世紀都市化、工業化的社會」†。這可以看作是對一九六〇年代初期的英國積極「現代化」的一個真實表述：當時的自信態度與規畫的走向，在三十年後看來，都已不那麼具有吸引力。為古老而高尚的文化價值妨礙英國的現代化而感到遺憾，這種態度本身就是英國長久（如今依然活躍）的傳統之一；而真正的危險在於（如同史諾死後這幾年所呈現的情況），這樣的態度，總為最化約式的商業庸俗主義提供意識形態上的理由‡。

---

*包括許多專欄作者對史諾論點的評論，以及 Graham Hough 對「史諾－李維斯」論辯所作的評論「文學教育的危機」：Plumb(ed.), *The crises in the Humanities*, Harmondsworth, 1964，特別是 pp. 96-7。

†Plumb(ed.), *The crises in the Humanities*, pp. 7-10。普朗比史諾小六歲，求學過程及小康的家世背景皆與史諾相同，也是從萊斯特的奧德曼牛頓中學畢業，然後到劍橋大學基督學院就讀，並且在那裡取得碩士學位。

‡例如，請見環繞於韋納（Martin Wiener）的論辯，*English Culture and the Decline of the Industrial Spirit 1850-1980* (Cambridge, 1981)，更長期的觀點可以參考 James Raven, 'British History and the Enterprise Culture', *Past and Present*, 123 (1989), 178-204。

史諾本人總是聲稱，整個關於他演講所引發的回應，都源自於：他把某個在當代社會已有模糊認知（或不完全被了解）的問題，帶到稍微清楚的焦點上。當然，回應的規模顯示這並非只是英國特有的問題*，而在〈一九六三年重新審視兩種文化〉一文中，他強調此問題與貧窮和人口膨脹等全球議題的關聯。不過「兩種文化」的論點，超越了它緣起時的環境，而受到長久的關注，使得針對它核心理念在今日的適切性的討論，即使是最簡短的考察，都必須同時關照變動的學科地圖，以及更廣大社會的發展。

學科的變革

「兩種文化」概念的核心，是一個關於學術分科的論點。其他當然還有許多密切相關的部分——如教育體系、社會道德、政府決策等等問題。但這個概念要有持續的說服力，就必須對兩種知識考察的差異做出清楚的特徵分類。我們現在已經很清楚，史諾的概念，對於一九五九年的學科情況，並不是一個完全準確的描繪。即使我們同意，他針對以下兩者做出的對比，確有獨到觀點——即一邊是現代主義文學所蘊含的，十分緬懷過去或悲觀主義的態度，另一邊是自然科學所蘊含的，較為樂觀且較「現代化」的使命感；即使我們可以感同身受於他嚴辭批判英國社會勢利的風氣，以及這些風氣藉由教育造成許多根深柢固的態度，但如同他的批評者所認為的，我們必然還是要對這個概念所提供的描述性價值多所保留。因此，當我們思考在史諾演講之後，事情發生了哪些改變時，絕非毫無異議把他的分析視為起始點。不過在這幾十年裡，他的核心觀念喪失了不少市場，原因不只是概念退流行的必然過程，還包含許多重要的知識與社會的變遷。

粗略來說，學科地圖在過去三十年來最顯著的兩個變化，彼此間是明顯相互矛盾（至少是彼此衝突）的：一個是愈來愈專業的次分科之萌芽，另一個則是各種形式的科際整合之發展。但在某個意義上，這兩者其實指向同一個方向。相對於過去一個個

＊包括劍橋大學出版社對於演講之相關評論的檔案，以及此檔案在一九六四年連同〈重新審視〉一文的再度出版，都豐富地記錄了全球對於此議題的興趣。史諾自己有些懊惱地觀察到：「當我知道，很多更有價值的討論已經展開，但卻是用多數英國人不了解的語言進行，像是匈牙利語、波蘭語，還有日語，真是滿令人沮喪的。」（見本書一一二頁）

強勢的學術帝國，新地圖顯示出許多較小的城邦，彼此以複雜甚至令人訝異的方式，形成聯盟網絡與溝通管道。這樣的變化呈現出來的，當然不是兩種文化，但至於是兩百零二種文化，或根本只是一種文化，很大程度端賴於所強調的重點。這兩者之間的差異，部分是由於著重「文化」概念的不同性質：第一種看法著重學術界的微觀結構，因此強調許多相當自足的學科所呈現的多元性，每個學科皆有自己的術語與參考座標，各自維持不同專業社群的生活方式；第二種看法則試圖尋找出最大的共同架構，在此架構下不同的學術活動，都可說是處在一個共享的對話之內，或都呈現一些共同的思考性操作。

然而，不管是哪一種看法都不會完全否認，所有被稱為「科學」的活動裡，的確有一些共同而特有之處，並不存在於「人文」學科之中（即使我們不見得利用這樣的事物對知識領域做結構性劃分）。在實務上為求方便，我們當然還是會使用「人文學科」或「科學」這類字眼，而且在絕大多數場合中，我們也都大略知道所指涉的涵義。但對於這種習慣用法，目前其實沒有公認的定義判準——到底我們應該採取怎樣的標準，去區分「科學」與「非科學」？研究方法、研究主題，還是一種專業或文化上的心態？這早已成為爭論不休的議題。當然，在歷史上已有許多企圖建立這種區分基礎的嘗試，尤其當十九世紀開始，科學取得了「客觀可信之知識的唯一提供者」之榮耀與責任之後，這樣的嘗試大量出現。從十九世紀末的狄爾泰到二十世紀中葉的巴柏，許多哲學家戮力於相關概念的建立，堅持某種知識形式或研究模式必須擁有一些特質，才夠資格被稱為「科學」。然而，這些結論從未獲普遍接受，也極少有其他科學哲學家贊同。其他人認為，習慣上被稱為「科學」的這些活動，並非都採取實驗方法，並非都以量化方式呈現其研究成果，並非都追求「證偽」，並非都研究「自然」而不研究「人」；而更不是只有這些活動，才尋求發展出普遍法則、可複製的研究結果，以及累積性的知識。

因此當我們想區分「科學」與「非科學」性活動時，以上的定義問題，警示我們必須釐清區分的目的何在。在十九世紀的下半葉，在科學研究成果最豐碩的年代，這樣的區分可能意指，要辨別出能產生「真實」知識的研究方法，與不能產生「真實」知識的其他研究方法。這樣的假設，如今還是受到許多科學家默默支持，偶爾會出現自封的科學代言人，將這樣的想法以最為傲慢而獨斷的形式表達出來。但如此盲目而自滿的實證主義，如今享有的文化權威已經大不如前，反倒愈來愈多人同意，各種不同形式的智識研究，恰可以帶給我們不同的知識與了解，其中沒有哪一種形式，足夠稱為標準模式。

當然，科學家的實際行為，很少受到哲學家對其行為的各種描述所影響，同樣地，大眾對於「科學家」身分的認知，也不會因上述的發展而有太大的改變。一般大眾還是不假思索地把這個詞用在數學家、物理學家、化學家、生物學家，以及在醫學、計算、工程領域研究的學者上。即使在大學裡，這類定義的問題，通常也只在一些不受重視的情況被提出，而且常是基於純粹組織或統計上的因素——像是實驗心理學到底夠不夠資格接受某個科學基金會的資助，或人口學者的研究，到底該被納進原本的地理學系還是統計學系等等。

不過，即使一般對「科學」範疇的用法，近幾十年來沒什麼改變，科學本身倒是有些改變；更重要的是，對於科學的認知（這與史諾的「兩種文化」論相關）也有所改變。如果以對其他領域研究的衝擊來看，分子生物學的發展，應該是一九五〇年代以來科學界最重要的變化，它重新定義了整個生物化學與醫學的研究領域，也在生物科技及遺傳工程方面，丟出了一堆惱人的倫理及實務性課題。但若是以對科學性思惟較普遍的印象來看，理論物理學、天文學及宇宙學的研究，或許得到最多的注意。長期以來物理學總被視為「純科學」（hard science）裡最純正的一員，也就是科學裡的純金標準，用以衡量其他成色較差或雜質較多的科學形式（它們的狀況通常被診斷為「物理學崇拜」）。傳統上，物理學總是被拿來舉證，如何從一些普遍性的法則，推演出嚴格的演繹分析，然後由控制性實驗得到的歸納結果，加以驗證或否證，提供我們關於所有物質之行為的可預測知識。

最近這二十年的所謂「新物理學」，已經在兩個相關的方面改變了這類模型。第一，物理學家從物體本質或宇宙起源的研究裡，發現在我們對於物質世界的知識之最核心處，其實必須包含無法預測性，不確定性，甚至某種目的論的成分。量子物理與「渾沌理論」的發展，已經標示著「物質主義的終結」，這裡的物質主義，指的是一套對物體行為與性質的機械式模型，這從牛頓以降就一直在物理學界占主流地位（這樣的發展，可能連許多量子物理或「渾沌理論」領域的研究者都無法接受）*。其

*「物質主義的終結」一詞，是來自一本近來總結這些發展的暢銷書，由 Paul Davies 與 John Gribbin 合著的 *The Matter Myth: Beyond Chaos and Complexity* (Harmondsworth, 1992)。另一篇論文則專注於實驗與觀察性證據在其中的角色，在立論上較為謹慎而有耐心：Malcolm S. Longair, 'Modern Cosmology: aCritical Assessment', *Quarterly Journal of the Royal Astronomical Society*, 34 (1993)。

次，在理論物理學、天文學與宇宙學的革命性研究中，發現這些研究的本質正好挑戰了「嚴格的演繹，加上觀察控制性實驗得到推論」的科學思惟模型。想像力、比喻與類比、跨範疇的臆測、直覺等，扮演比以往吃重許多的角色（有些人會主張，這些因素其實在實際的科學研究過程中一直都扮演著重要角色，無論主流對「科學方法」的解釋是否納入這些因素）。因此，現在我們比較常聽到的，都是在談科學與人文這兩種思考性工作的相似性，而非其差異，雖然某些所謂的相似性，其實（我們必須坦白說）相當牽強，至多只能算是一種類比。

在學術圈，非科學家們對於科學的本質與其社會角色的了解，主要受到科學史學家、科學哲學家與科學社會學家等研究的影響，反而較少受到科學本身變遷所影響。就數量上與體制性的標準來看，科學史與科學哲學在史諾的時代，還是相當冷僻的學門，但在最近幾十年則有重大的成長，這個領域的研究，提供了相當豐富的素材讓我們更了解科學，但同時也挑戰了一些科學家對其自身及其研究行為深信不移的概念。科學史家如著名的孔恩，認為科學變遷的形式，並非總是在穩定的基礎上持續累積知識；「異例」的發現，讓我們看到變遷的形式乃是不連續的跳躍或是所謂「典範轉移」，也就是在觀點上的根本變遷，以及一個全新的專業共識之形成，這種共識形成大部分要靠世代的交替*。對於科學社會史更宏觀的研究，則專注於考察「外在」因素的角色，例如科學家本身的階級背景、政治與文化力量對於研究方向的影響，以及社會對於專業主義及公正客觀的完美形象的需求。許多近期的研究甚至採取更基進的立場，極力證明科學知識本身的建構，就是由各個文化不同的規範與行為所決定；照這樣看來，「科學」只是許多不同文化活動的其中之一，和藝術、宗教一樣都是表達一個社會對於外在世界的認識，而且也同樣的與政治與道德的基本課題無法分離†。

這方面研究造成的廣大影響，部分原因是它的精神與其他一些潮流一致，而這些潮流在最近幾十年已經享有相當的地位，特別是在學術圈內。例如，許多女性主義者早已主張，科學所奉為圭臬的「控制、去除個人感情」等理想特質，本質上就帶著特

---

*孔恩，《科學革命的結構》（*Chicago, 1963, 2nd edn 1970*，中譯本由遠流出版）；同時可參考對於孔恩著作之討論：Gary Gutting (ed.), *Paradigms and Revolutions: Appraisals and Applications of ThomasKuhn's Philosophy of Science* (Notre Dame, Ill, 1980)。

†這方面的著作甚多，Jan Golinski 的整理提供一個不錯的協助：Jan Golinski, 'The Theory of Practice and the Practice of Theory: Sociological Approaches in the History of Science', *Isis*, 81 (1990), 492-505。

定性別色彩，而她們也抨擊，科學意識形態對於其強調的理性，在概念化上帶有「雄性主義」（masculinist）的偏頗傾向。「文學理論」這個十分流行的學門，同樣也把科學納入它相當具殺傷力的知識分類範疇中：文學理論者主張，科學同樣是種論述，和其他寫作形式一樣，其中同樣包含修辭策略、文字上的比喻，及不確定的意義*。累積這些不同研究的成果，德國社會理論學者萊本尼茲總結如下：「科學無法再聲稱，它代表的是對真實世界的忠實反映；取而代之，它是一套文化體系，它展現出來的是對特定時空下的真實世界，一個疏離且由特殊利益決定的形象。」†這篇晚進研究所呈現出來的基進觀點，當然尚未被所有的科學史與科學哲學家所接受，科學家方面就更不用說了。或許學術界的流行鐘擺，很快的會擺回另一個方向，朝向更加強調科學知識的特殊地位，但至少在當前，這些科學的相對主義解釋的散播，已經使得不經修飾或較強勢的「兩種文化」論，難以得到認同。

上述提到的學術潮流，其中許多是來自於人文學科最近的研究，這顯示我們必須考察（在史諾的區分裡）「另外一邊」的發展。人們時常忘記，在史諾勾勒所謂「文學知識份子」的文化圖像時，他主要針對的並非學術群體，而是針對作家和評論者，這些人長期身處的環境是都會出版界與新聞界，史諾把這些環境稱做是「卻爾西與格林威治村」，而非「劍橋與哈佛」（如本書五十二頁），明顯地反映出這是史諾自己最為熟悉的世界；但這裡同時也看出從史諾時代至今的一個重大變遷，這個變遷限制了我們對「兩種文化」論的了解：自一九五〇年代末期以來，高等教育在全球各地大幅擴張，原因是過去只有先進國家比較重視發展大學教育，在戰後則所有國家都跟進；但同時，在這些先進社會中，對於作家與文學報導者所提供的謀生條件也下降了。史諾的「文學文化」所包含的對象，乃是那些會在出版商宴會上互相碰面，然後討論在《新政治家》或《同儕評論》裡最新評論文章的文人。從那時以後，許多文化性期刊都大幅縮減（甚至完全移除）文學所占的篇幅，史諾筆下的「文學知識份子」，在現代互相碰面的情況，比較可能發生在學術性的討論會議，或者是在校園舉辦的「作家寫作營」。

＊近來比較有代表性的作品，是 David Locke, *Science as Writing* (New Haven, 1992)。

† Wolf Lepenies, 'The Direction of the Disciplines: the Future of the Universities', *Comparative Criticism*, 11(1989), 64；這篇文章原本由德文寫成，其中萊本尼茲對「科學」一詞的使用，是借用德文「Wissenschaft」的意義，也就是指任何系統性的研究學門。

此外，史諾對於「文學」所代表的價值極為選擇性的強調，在今日看來也較不具說服力。史諾本身是個一九三〇年代的實證進步主義者，同時也是個前現代主義（或反現代主義）的小說家，當然對於形式的實驗主義與現代主義展現的政治反動性，感到相當的不滿；即使在第一次的「後記」中，他承認自己對於「文學知識份子」的描述，是有些選擇性的呈現，但他仍然認為這樣的性格「主宰了整個文學的感知性」＊。這樣的宣稱，若以近三十年的文學作品看來，是完全無法成立的；事實上，以傳統的敘述技巧，描寫有限——甚至狹隘——的幾個主題（如史諾自己的小說），在這段時期內的英國文壇，可能更是主流的寫作形式。而史諾譴責龐德、艾略特、劉易斯等一群人，所帶有的反動或「反改革」的傾向，更是很少出現在其他國家的文學作品中。過去人們在史諾的作品中，可能會感到一點遺憾，也就是如「進步」、平等主義、渴望現代性等態度，在他的小說中甚少呈現，遠不如與它們對比的態度，或者像權力、魅力等特質；這裡其實反映了一個更深層的問題，也就是作家腦中既有的想法與態度，會左右其想像力的發展傾向。

在把焦點轉到文學研究時，我們必須弄清楚，和科學對應的應該是文學批評，而不是文學本身（嚴格來講，文學所對應到的是自然界，也就是被研究的主題）。文學研究在學術界的面貌，從史諾時代至今，已經出現大幅的轉變，變遷的速度甚至引起爭議，尤其是在美國；從原本給予清楚評價的文學批評，走向一種純「理論」的形式，反對者認為，這正是錯誤地模仿科學的程序與宣稱的一個例子。如果對照史諾當初提出的對比，則這裡最大的變化之一，乃是「科學與文學」這個次領域（或稱「跨學科）的發展，他們有自己的專業社群及出版品，特別是在美國（但並非只在美國）十分蓬勃†。當然，在所有這些跨學科的研究裡，如何結合是關鍵問題所在：有時所謂的結合只是並列，就像是兩個驕傲的王國，彼此依傍而互不侵犯；但更多時候的結合方式，乃是對某一方研究主題的關切，凌駕於另一方之上。具體而言，科學家目前

---

* 'The "Two Cultures" Controversy: Afterthoughts', 65.

† 現在已經有個國際性的「文學與科學學會」（Society of Literature and Science），針對此領域內愈來愈豐富的研究成果，也已出版專門的書目；請見 *Comparative Criticism*, 13 (1991)「文學與科學」特輯的〈編者導論〉。代表性的研究，請見 George Levine (ed.), *One Culture: Essays in Science and Literature* (Madison, 1987)；第一場關於文學與科學的演講，特別值得一提，是由英國皇家科學院、英國科學院及英國皇家文學院共同贊助：Gillian Beer, 'Translation or Transformation? The Relations of Literature and Science', *Notes and Records of the Royal Society of London*, 44 (1990), 81-99。

尚未急著把他們那套實驗方法，應用在闡明莎士比亞的戲劇或珍・奧斯汀*的小說上，但文學理論者卻急著拓展他們的論述分析的範圍，即使從最枯燥的科學研究論文裡，也要挖掘出其中令人驚異的比喻成分。要斷言這樣的結合是否能產生出讓雙方都滿意的結果，為時尚早，不過這樣的嘗試，應該有助於緩和「兩種文化」論中所隱含的，缺乏理解的鴻溝。

在〈一九六三年重新審視兩種文化〉一文裡，史諾對於之前未能明白承認「第三種文化」（這是他準備的稱呼）的存在，感到懊悔，他所稱的「第三種文化」，代表的人物是社會史學者（這點應該是受到普朗的啟發）。在史諾最初演講所描繪出的學科地圖裡，完全沒有社會科學的位置，對於這樣明顯的遺漏，「第三種文化」的提出只是個相當微弱的補救嘗試。史諾聲稱在「文學知識份子」身上發現的特徵，幾乎無法適用於經濟學者或犯罪學者，雖然這些學科既然並不隸屬他所稱的科學範疇內。當然在一九五〇年代晚期，英國絕大多數的大學對於新興社會科學的接受程度，並不像其他地區（尤其是美國）那麼高，但同樣地，這個領域在當時之後，也以令人驚異的速度突飛猛進。整體而言，在此領域內的許多學科，主流的假設已經不那麼實證主義傾向，而保留了更多空間，給予較詮釋性的、或單純歷史性的文化分析，但在這些學科中，對於專業的形象及論文出版的形式，與自然科學界的相似程度，至少不下於與人文學科的相似程度。此外，現在已經有相當多的學者，投身在各種社會、應用、專業性以及職業性學科領域中，這些學科既不能歸類為「人文」，也不算是「科學」，對於這些學者而言，「兩種文化」論頂多只是個不相干的過時論調。

前面所提到的幾個例子，提醒我們對於學科間不同的歸類方式，往往都取決於被挑選出來作為比較的特徵為何——以研究主題來分類，與以出版形式做分類的結果便不相同。從這樣的省思看來，我們不僅要把史諾原本兩極化的分類，轉變為一個較連續性的光譜（這意味著學科分布圖上不只有一個軸線），更進一步的，我們還要提出一張能呈現多維空間的圖畫，所有描述學科關聯性與對比性的複雜變數，都能同時在這張圖中標示出來。以這樣的方式，對學科本質或對個別學科發展做進一步思考，就會看出任何對兩種文化的二分，都較以往更為站不住腳。不過，蘊含在史諾論點之中，還有一個更深層，某些方面甚至更有趣的觀點，也就是知識日益專門化所造成的文化衝擊。

＊珍・奧斯汀（1775-1817），英國著名女小說家，作品包括《傲慢與偏見》等。

知識專門化

局外人的觀點，總是看到別的團體的一致性，以及自己團體細微的差異。在一個生化學者或電機工程師眼中，一個實證社會學者和一個現代的社會史學者，差異極微；同樣地，對於古典文學研究者或藝術史學者而言，各種物理學分支之間的相同性遠較其差異性更明顯。但所有這些領域或次領域，都已經逐漸發展出屬於各自的關懷、方法及專有名詞，沒有任何單一學科明顯比其他學科都重要。理論經濟學者與法國詩的評論者，對於彼此專業領域的陌生程度，就像一般認為在「科學家」與「人文學者」之間的情況一樣。

對這種專業化發展感嘆、遺憾，是沒有意義的：它是知識進步的先決條件，並且通常代表人們對於某些概念與技術，有了更細膩的研究成果。堅持職業哲學家所寫的每一個字，都必須讓一般讀者看懂，這一點道理都沒有，把這種標準加諸於研究結晶的物理學者身上，同樣沒意義。真正有意思的問題是，這種知識的專業化與外在的文化，存在怎樣的關聯性？以及，有些課題是絕對無法化約成完全只屬於單一的學科，對於這種問題的研究，知識專門化又會帶來怎樣的衝擊？

在這裡強調另一個簡單的事實，或許有些幫助，那就是人們絕對不會只有一種身分，光是專業訓練與職業，絕不足以定義出我們的身分。我們同時擁有許多種身分認同——社會、種族、性別、宗教、知識、政治——沒有哪一種是在所有時候都占有主宰地位，或者都能決定我們的行動。因此，人們不會以有機化學家或社會人類學家的身分，參與公共事務或公共討論，同樣也不會在閱讀一篇關於天文學最新發展的通俗論文，或伊莉莎白一世的最新傳記時，運用身為免疫學家或總體經濟學家的專業知識。學院世界裡一個危險之處在於，它的內在精神與外在組織，都促使人們強調既有分科的重要性與力量，而忽視不同知識之間存在其他（通常是更深層的）的連結與歸類。同樣的道理，所謂的「共同文化」，絕對不會只有一種形式。共同性包括許多形式，我們必須考慮的是，在這些共享的世界裡，各組成分子在其中的參與程度，而不是單純的考慮哪些要被納入，哪些要被排除掉。

當史諾在尋找例證，以展現他所聲稱的「兩種文化間的分野」時，所提出的例子可以說聲名狼藉，也就是他說人文學者不了解熱力學第二定律*。先不管這例子是否

---

*這個惡名昭彰的例子甚至出現在 Flanders 與 Swan 所作的一首卡通歌曲中，收錄在他們《At The Drop of Another Hat》專輯中。

舉得恰當，我們可以先質疑，這種把共同文化完全設想為成員之間要有共享知識的想法，是否是最適當的；無論如何，打從我們中學或大學教育規定必須選擇主修科目開始，這樣的可能性就面臨了很大的限制。更深層的來看，專門化在文化上造成的效應是焦慮與懊悔（或許所有「兩種文化」的說法，都背叛了那種對學術化分為合的期待），這並非因為它們違背了「所有人都要熟悉同一套知識」的理想，而是因為專門化的發展，將可能使得知識份子彼此的意見交換或辯論難以持續，而這樣的討論，卻是我們能夠有效率地處理社會事務的基礎所在。

這樣看來，該做的並非是強迫未來的物理學家去閱讀一些狄更斯的小說，或讓未來的文學評論者去鑽研一些基本的物理學理論；而是要提倡知識上的雙語教育，也就是不只會運用本身專業的語言，更要能參與更廣大的文化性討論，從中學習，最終還能做出貢獻。顯然，延後實施分流教育，對此可能有些幫助，而史諾提出的警告，在這裡也仍然值得參考。不過，更為重要的還是，在各個學術專業的道德精神裡，不單要培養對於「本身之研究如何納入整體社會文化」的認識，還要培養以下的認知：參與社會問題的討論，並非某種業餘的自願性活動，而是內在於己身領域專業成就的一部分，且是能得到適當報酬的一部分。

當然，任何單一的學科，都無法獨自創造這樣的道德精神。無論是溝通的可能性或對不同學科的尊敬，都仰賴於有利於此的文化傳統；比方說在英國和法國，對於知識份子就有不同的態度，這導致對於學者參與公眾辯論的不同立場，這樣的差異，轉而內化於專業社群的形成過程中。一般而言，學術研究中的競爭壓力——尤其在自然科學界，會傾向於鄙視投入較大的文化或倫理問題，認為這些是軟性的研究，也就是只有那些無法從事尖端研究者，才會投入的活動。但事實上專家們卻必須在種種不同的場合，以非專業者也能聽懂的語言解釋他們的研究事業，例如到大學的校務委員會報告、在全國性報紙寫書評，或者——舉個較接近史諾經驗的例子——遊說政府單位採用某種科技。在這個專業認同不斷被強化的一般趨勢下，我們很振奮地看到不同信號傳出，一些傑出的作者如顧爾德、道金斯或史蒂芬·霍金*，都以實際作品證明，有創意的尖端科學研究，及與廣大讀者的溝通，兩者並非沒有結合的可能。必須強調的是，這些作品的出現，並非因為這些作者想成為現代的達文西——企圖將先進知識

*譯注：顧爾德（1941-2002），哈佛大學古生物學家，著有《達爾文大震撼》、《熊貓的大拇指》等書；道金斯（1941-），英國牛津大學動物學家，一九七六年出版《自私的基因》；史蒂芬·霍金（1942-2018），英國理論物理學家，《時間簡史》作者。

廣泛應用到不同的領域中。它們的出現，是來自這些作者對某種技術或渴望的掌握或追求，將極端技術性研究的一些重要性概念（甚至可能是詳細內容），傳達給非專業的讀者。

學科的分類根據有許多向度，其中一個向度在此特別重要。不同的學科與書寫活動有著不同的關係，在許多實驗性科學裡，書寫並非一項創作：它本身並不是研究過程的一部分，而只是事後的報告；在人文學科正相反。精確、清晰、簡要當然是結論發表的必然要求，不過對許多科學研究者而言，把研究發現整理成書面形式，乃是不重要的雜務。當科學家稱許某項理論或發現的「優美」時——別忘了他們經常如此——他們指的通常是，它在概念或數學形式上的整齊性，或者是它提出的解釋原則簡單而精確。書寫形式的優美，雖然會得到某些科學家的重視，但通常不會是經營的目標，也不會被稱許為專業的理想典範。然而在許多人文學科中，寫作過程中不但可能出現最有創意的想法，且著作書寫的方式，本身就蘊含了研究發現的水準。因此在這方面，文學科的研究，傾向較為個人化，且對於用詞與語意的重複，較為挑剔而無法接受。所以文學導論的課程，使用的素材通常是文學作品而非教科書，意味著原本的表達形式無法拋棄。

這樣的差異，會回頭影響之前討論的焦點，也就是個別學科的研究活動及理想典範，會壓抑參與公眾討論所需之能力與意向的發展。並且這並非只是任何狹義的書寫問題，從史諾以降，抨擊公眾人物及人文學者的「科學文盲」，已經成為一般的趨勢，但其實科學研究者在歷史與哲學方面一無所知，嚴重性起碼和前者同樣大。此外，我們實在很難發現，不管是政治領袖抑或一般大眾，對於人文學科研究活動的本質均較自然科學有更多的欣賞與了解。事實上在某些方面，當代自由民主體制所用的功利主義式語言——對於無法立即證實的質化判斷持高度懷疑，也很難接受非量化的價值陳述——要為自然科學的基礎研究辯護，較為容易，理由就是它們有助於醫學、工業與類似應用的發展，而要為那些勉強算是「研究」的人文學科辯護，則較為困難。從這方面看來，專家不重視與一般大眾的溝通，這點在即將來臨的二十一世紀，可能對人文學科發展產生的負面影響，會大於對自然科學。

史諾的論證即使有許許多多缺點，但它一個有價值的影響在於，讓我們對當代的知識條件不致過於自滿。包括學科間存在難以搖撼的分野，欠缺對彼此的了解，存在於各個專業團體的不適當優越感或蔑視等，這些應該被視為問題，而非宿命地視為無法改變的事實（或者，讓我們再次引用萊本尼茲的話：「我們所需要的，是少一點悲劇性的自負，以及對原則的僵固堅持，多一點的嘲諷、自我批判，以及從局外人角度審視自己的科學研究的能力」＊）。不過史諾同時也把這個主題連結到一些更大，對這個世界影響更深遠的議題上，因此現在我們就要探討一下，到底他對這些問題的看法，能否通過時間的考驗。

變動世界中的「兩種文化」論

對於「現代性」，大家最熟悉的比喻之一是，就像一個人恍惚地回顧過往一生，變化加速的在眼前出現，幾乎完全超出意識之外。而我們也必須小心，別被那些認為現代化過程已經失去控制者（它何時曾「被控制住」？）所提出的文化悲觀論所迷惑。不應該理所當然地認為，所有在一九五九年提出的問題，在這幾十年間只會更加惡化，或許應該考慮的是，這段時間發生的改變（不全然是絕對好或壞），對於史諾的「兩種文化」論，可以提供怎樣的修正。例如，一般大眾接觸到科學的機會，以及科學發展所造成的衝擊，都在這幾十年間大幅增加，而在傳播對科學研究的興趣與了解上，恐怕沒有任何單一力量可以與電視相比擬。我們可以理解，史諾的思考中幾乎不包含電視的角色，因為當時英國擁有電視的比率並不高（更何況，如同我們之前指出的，他主要的論點都是在一九三〇年代就形成），但電視不只是散播大量的科學資訊（即使是簡化過的版本），它同時也激發了幾百萬人對自然世界的想像力，這些人原本所受的正規教育，可能根本沒有讓他們對科學研究的魅力有任何體會。

更進一步而言，從史諾寫作時就開始興起的微電子革命，對於日常生活的影響，可以說與鐵路或內燃機的發明不相上下，而科技演進的快速，更不斷挑戰原有的常識†。即使像書寫這樣古老的工作，也面臨到從印刷術發明以來最大的變革——一組

* Lepenies, 'Direction of the Disciplines', 64.

† 例如，現在微處理器的效能，每兩年就提升一倍，記憶體容量更是每三年就增加四倍：「在一九八〇年，你打一個字元的時間，處理器可以執行三萬九千個運算，而在一九九〇年，這個數字是一百二十五萬……換句話說，如果我們把一秒鐘定義成處理器執行一項運算所需的時間，則在一九八〇年人類打字的速度，大約是一天兩個字元，而到了一九九〇年，就變成兩個星期才能打一個字元。」Jean Bacon, 'Computer Science and Computer Education', *The Cambridge Review*, 112 (1991), 174。

小小的塑膠方格，透過電線連到牆上的一個小洞，只要輕敲這些方格，就可以創造、修改想要的文句。許多機器已成為日常生活的必需品，還有許多機器讓使用者對於應用科學的威力，有初步的體會，但在這些機器中，電腦無疑最令人印象深刻。一個對錯誤信念特別誇張的描述，可能會呈現以下的情景：使用文書處理器的後期「文學知識份子」，將一篇論述科學演進的所有負面影響的大作，傳真給期刊編輯。

雖然這些改變，也許讓大眾進一步肯定科學的重要性，但它們的成功，同時也無可避免地引發兩極化的反應。當然現在一般對科學的看法，已經少有像史諾認為他所觀察到的那樣：以勢利的眼光鄙視科學，將之視為低劣的功利性且不潔的事物（史諾的看法，也許反映了他早期在戰前的社會經驗），不過對科學潛在的負面影響，如今的焦慮看來更甚以往。從「人類如何對待自然世界」這整個問題，我們正好可以看出以下兩者緊密連結的辯證關係：不斷延伸的科學控制，以及對這種控制帶來的效果感到日漸焦慮。對於科技帶來的環境破壞，許多憂心忡忡者大聲疾呼，但卻不受到重視，原因在於，正好是更進一步的科學發展，才讓我們得以看清並分析其中許多破壞效果（臭氧層的破洞，就是一個明顯的例子）。對於環境破壞的問題，比較積極而實際的反應，當然是認為製造出這些邪惡科技的能力，卻也正是我們最能寄予厚望，能造福大眾之科技能力。同樣地，史諾在當時擔心科學教育的不足，會讓科學的價值被低估，但如今科學教育在全球都已極為普遍，伴隨而來的當然是轉而疑慮科學與科學理性是否被過度高估。無可避免地，這些反應有時會採取較極端的形式，即認為科學帶來精神面與生態上的毀滅，人類應該完全與之斷絕關係*。但在這些反應之中，其實多少都有一點道德上的故作姿態，以及缺乏務實的態度。比較具有建設性的回應，還是應該在科學教育中讓學生了解，人類對自然世界日益增加的知識，除了為我們帶來許多好處之外，同樣也有它的限制，以及可能產生的危害。

教育對於史諾而言，當然是他所診斷出之問題的根源，雖然他除了鼓吹英國應大量培養科學家之外，實際上根本沒提出過具體的教育政策（這點常為一般人所忽略）。如同我之前指出的，史諾寫作的當時，正是英國中學教育特別傾向分流化的最後幾年，這明顯影響了他的分析。其他主要的教育體系，皆從未在如此早期的求學階段，就採取如此高度分流的教育，但這幾十年來，即使在英格蘭都出現許多改革嘗試

* Davies and Gribbin 所稱的「當前西方社會反科學的潮流」（*The Matter Myth*, p.20）；近來抱持這個立場而廣受討論的著作是 Bryan Appleyard, *Understanding the Present* (London, 1992)。

（當然這些嘗試並不總是成功），擴大中學與大學修習課程的範圍，其他地方的趨勢，則是走向盡可能拖長通才教育的年限。早在二十多年前，史坦納（他本身就是提前分流教育形式的著名例外，在成為頂尖文學評論者之前，主修的是物理）就曾提出警告，他認為未來如果只會使用一些舊式的用辭技藝，恐怕將成為「書寫奴隸」，而被排除在先進的社會過程之外*；不過現在看來，對用字遣辭能力的需求，和對基本數學的需求一樣，都愈來愈受到認可，即使這些需求仍尚未完全實現。

在討論這個主題時，我們很容易墮入一個致命的陷阱，就是把「科學」和「文學」視為穩定的個體，固定在某個時間點上（這個點通常是我們自己想法初步成形的時間）。當史諾談到「科學」時，他心中想到的是在劍橋大學卡文迪西實驗室裡進行的那些事，但即使完全撇開我們之前提過的，知識內容在近年來的改變不談，這裡仍存在狹隘本位主義的危險。如果用最廣義的意義來看「科學研究」，必須承認的是美國在這方面壓倒性的地位：在一九八四年一位評論者計算出，「西方世界一半的研究發展，是在美國進行……美國投入科學的全部金額，超過日本與歐洲工業國的總和」。而這種「研究」（裡面許多當然不是基礎科學）有愈來愈多的比例，是在私人企業直接或間接贊助的實驗室中進行，即使在這個現象並不明顯的地區，我們也必須了解「政府部門對科學的贊助計畫，整個主導的要角乃是私人企業」†。實際上，在二十世紀末，一般被稱為「科學」的活動中，大部分都已不是純粹知識的研究，而是藥廠、航太公司之類的商業策略的一部分。同樣地，把「英國文學」就固定視為在二十世紀中期當時被認可為正統的那套東西，也是另一種的狹隘本位主義。在過去的三十年，英國以外的英語文學作品，不管在出版數量還是在國際性知名度上，都有大幅的提升，「英國文學」如今只是英語文學其中之一，或許算是其中歷史最悠久與最豐富的一支，但在當今世界只有次要的地位，而且在下個世紀，也看不出來會成為其中最具創造性或最重要的一部分。在史諾筆下，「兩種文化」的典型場景，乃是物理學者與文學評論者，在劍橋大學講堂裡發現對方根本不了解熱力學第二定律或莎士比亞

---

* George Steiner, *In Bluebeard's Castle: Some Notes Towards the Re-definition of Culture* (London, 1971), p.100。史坦納對於史諾論點的精神抱持同情態度，並且也同意史諾的看法，認為科學家與「人文學者」在感知性上的基本差異，在於前者是未來導向，而後者則是過去導向。參考他在以下合輯裡的文章：'The Two Cultures Re-visited', *The Cambridge Review*, 108(1987), 13-14。

† David Dickson, *The New Politics of Science* (Chicago, 1984; rev. edn 1989), pp. 4, 44.

戲劇；但在二十世紀末，這種關係的象徵性場景，可能要換成一個新加坡的華裔經濟分析師，寫電子郵件告訴她的美籍軟體設計師男友，最新的諾貝爾文學獎得主是個非洲裔的中南美詩人。

這些現象提醒我們，在史諾時代之後一個快速發展的變化，是英語在全世界的散播，成為一種國際性語言。史諾除了提出不同學術文化間的鴻溝之外，也強調了不同國家文化間的鴻溝，但這兩種鴻溝可能都因以下的事實而獲得一些改善：即愈來愈多的人際溝通，是透過英語進行的。驅動這個發展方向的商業與科技力量，幾乎不太可能消失——英語現在就像是空中交通的控制者。也是部分基於這樣的理由，許多國家的教育內容，特別是較低度「發展」的國家，愈來愈相近。最明顯的是，在基礎科學領域，英語幾乎已完全成為最主流的語言：即使像法國這樣對本國語言獨特的優美、歷史地位最為重視的國家，他們最主要的科學期刊之一，《巴斯德研究所年鑑》，也在一九八九年更名為《微生物學研究》，並且其中文章全部以英文呈現，這乃是具有重大象徵性的一步，顯示全球的科學社群，日益走向一個「地球村」。

史諾後來的想法，是認為自己當初應該堅守原本的意向，把演講題目訂為「貧與富」，因為「前面說的這些，其實就是我整個論證的核心」（本書一四一頁）。他認為這是當時世界最重要的議題，並且認為，當我們承認「絕大多數（我們的）同胞在受苦，而這是有辦法解決的」這個事實時，同時也導致「一旦這些苦難被揭露，我們就有無法迴避的責任」；這些想法，是他演講中最令人欣賞且最有說服力的論點。不過對於他談到「落後」國家應如何「現代化」時，展現的高度自信，如今就很難被接受了，當然他絕非當時唯一採取這種說法的人：事實上，在一九五〇年代和六〇年代早期，社會科學界（尤其在美國）甚至有一整個次領域稱為「現代化理論」，這套理論完全立基於社會進化論者的假設，也就是所有社會基本上都會沿著同樣途徑發展，只是速度各不相同。從這種觀點看來，該做的工作乃是加快「落後」社會的發展，朝向那些被認為是屬於「現代」的社會結構（如小家庭單元）、文化態度（如世俗化的個人主義）與政治體制（如代議民主）等等。

史諾同時也相信，工業化會帶來其他現代化特徵的發展，以及若要加速現代化的過程，了解新科技的應用乃是其中的必備知識，也認定先進社會主政菁英缺乏科學教育，乃是其中最主要的障礙。發展中國家在最近三十年的各方面經驗，都對這些假設提出了質疑，社會行為和文化態度，明顯被證明是難以控制的，而且也不會順著預定的演化途徑發展；引進從當地條件發展出的科技，或按照當地條件調整過的科技形式，效果更優於直接引進整批的西方科技；而要充分運用當地資源時，所遇到的政治性阻礙，也遠比當初預期的要大。但在一九五九年史諾還是對此充滿自信：「要讓一個大國完全工業化……只需要意志決心就可以訓練出足夠的科學家、工程師和技術人員……過去的傳統和技術背景所占的重要性低得讓人驚訝。」（一〇〇頁）實際上，文化與政治傳統所扮演的角色，已經證明比他所言重要許多，不管這些角色是正面的（如在東亞的經濟發展過程中），或是負面的（如在非洲撒哈拉沙漠以南的地區）。

史諾論點的價值，至少在一個重要面向上，已經被這些新的發展所削弱。對他而言，兩種文化間的鴻溝，在實際上造成的最顯著後果，乃是「文學知識份子」所代表的傳統文化，對於輸出科技到「落後」國家所帶來的社會與經濟效益，採取蔑視的態度。當然，有爭議的是，這種態度並非如他假設的那樣普遍，在政治上也沒有那麼大的影響力；例如，沒有證據顯示，英國政府高層的決策，展現出史諾在勞倫斯或劉易斯身上發現的那種「反改革」態度。不過問題不僅如此，這幾十年的發展經驗已經告訴我們，要提升第三世界國家的生活水準，仰賴的是對當地政治與文化力量複雜運作的了解，而不是對最新技術的科學原理的了解。此外，政府運作的結構也出現轉變，跨國公司與金融機構的決策，對於窮國的發展，扮演了重要的角色。因此我們再一次看到。對這些力量予以有效的政治性控制，顯然要比其中任何純粹的技術官僚問題更加重要。以更廣的角度來看，史諾的論點反映了一些確信「意識形態之終結」的想法，也就是認為政治的走向將愈來愈朝向實用主義，而愈來愈少受到各種（互相衝突的）意識形態的驅動。雖然冷戰的結束，在某方面證實了這項預言的部分正確性，但實際上當今世界被各種「非現代」的力量——如民族主義、種族忠誠，及宗教上的基本教義派——所撕裂的狀況，比起過往乃是更多而非更少。一點都看不出來，經濟及技術的改進，有能力對這些力量加以控制或消除；而運用自然科學的模型，或是自然科學所衍生出的方法，對於這些現象，也完全無法了解。因此，在這樣的情況下，史諾當初所言（這裡用較聳動而直接的方式呈現），對於人類世界問題的處理，物理或化學教育帶來的幫助，要大於歷史或哲學教育，在今日看來就有待商榷了。

不管從史諾在公開場合發表的言論，或是從他的小說中，我們都可以發現，他真正感到興趣的並非公開的辯論，而是在密室所進行的事：在他的理論模型裡，「兩種文化」論與政治決策的關聯，就建立在一小群政治人物及其策士之上*。最近這三十年的政治歷程，已經強調出這種「密室」政治的缺點，也指出當面對重大決策時，維持某種公開討論的優點，儘管在實務與社會方面有極大困難。沒人能否認基本的算術能力與科學知識的價值，也沒人能否定它們在某些方面的必要性；但理念是在特殊的歷史結構下運作，對二十世紀末的主要工業國家而言，堅持更強大科學與數學能力的重要性，可能是兩面刃，甚至可能帶來嚴重後果。提倡把決策的過程化約為可計算之事物（無論是否是有意的提倡），所帶來的負面後果，比起自滿於低水準的科技或統計知識，可要嚴重許多。我們需要發展並散播一套公共的語言，讓非量化的論點能夠藉此而獲得適切的地位，這需求起碼和基本的科學知識同樣迫切。

不過，或許史諾自己也還有話要說。一九七一年他承認對於自己「純粹學術性的陳述『兩種文化』概念，仍感到不滿足」，並且在許多場合，他都試著修正這個論點[†]。但隱含在他整個理論之下的幾個大型全球性議題，在他看來是日益重要而迫切，因此在他最後一場重要的公開演講中，史諾回到了這些問題，演講的主題是「圍困」（The State of Siege），地點在美國密蘇里州的富爾頓市，正好是邱吉爾發表著名「鐵幕」論的同一地點（實在恰當）。史諾表示，「年輕人問我，他們應該追求怎樣的目標」[‡]，他用最簡單的字眼提出回答，他強調當初提出「兩種文化」理念，就是希望有助於這些目標的實現，「世界和平、衣食無虞，除此之外，再沒什麼人們可以真正取得的，這就是人類的目標」。

柯里尼（Stefan Collini） 耶魯大學博士。現為劍橋大學英國文學與思想史教授。

---

*特別是，他的〈科學與政府〉一文，展現了他對這個主題的強烈興趣，以及他對參與高層機密討論的期盼。《公共事務》一書裡所有收錄的文章，都反映出同一種口吻：即一個純粹男性的世界，裡頭都是極為傑出之賢哲，了解如何獲取權力，且為他們自己的精明引以為傲。

† *Public Affairs*, p. 11.

‡ 'The State of Siege' (1968), *Public Affairs*, p.220.

延伸閱讀

直到一九八〇年前，對史諾作品和為人的完整介紹，可參閱保羅．伯伊廷克（Paul Boytinck）所著《史諾：參考指南》（*C. P. Snow: A Reference Guide*, Boston, 1980）。史諾大部分的小說都仍有出版，十一冊的《陌路與手足》已先後再版成三冊的選集版本（London, 1972）。他主要的演講稿與論文集收錄在《公眾事務》一書中（London, 1971）；對重要議題的評論則收錄在《我所認識的人物》（London, 1967）和《物理學家》（*The Physicists*, London, 1981）二書中。

最完整的傳記資料可參閱菲利普．史諾（Philip Snow）的《陌路和手足：速寫查爾斯．派西．史諾》（*Stranger and Brother: A Portrait of C. P. Snow*, London, 1982）。其他額外的材料可能蒐集自約翰．哈波林（John Halperin）《查爾斯．史諾：口述傳記》（*C. P. Snow: An Oral Biography*, Brighton, 1983）。還有幾本對史諾小說的批評

研究集，包括大衛・沙斯特曼（David Shusterman）《查爾斯・派西・史諾》（*C. P. Snow, inTwayne's English Authors series*, Boston, 1975）。最近的一般性研究（我看不懂的法文書）是約翰・德拉・莫得（John de la Mothe）所著，《史諾和現代化的扎》（*C. P. Snow and the Struggle of Modernity*, Austin, 1992）。李維斯的〈兩種文化？史諾的重要性〉（*Two Cultures? The Significance of C. R Snow*），再版收錄於他的《不用我的劍：論多元主義、同情和社會希望》（*Nor Shall My Sword: Discourses on Pluralism, Compassion and Social Hope*, London, 1972）；近來對李維斯的作品所作最好的研究是麥克・貝爾（Michael Bell）的《李維斯》（*F. R. Leavis*, London, 1988）。跟「兩種文化」論有關的文學作品數量龐大，多半發表於一九六〇年代；典型的代表作品可參閱科尼利厄斯（David K. Cornelius）和文生（Edwin St Vincent）合編的《衝突中的文化：透視史諾－李維斯的論爭》（*Cultures in Conflict: Perspectives on the Snow-Leavis Controversy*, Chicago, 1964）以及戴文波特（William H. Davenport）所著《一種文化》（*The One Culture*, New York, 1970）。

索引

文獻

人物

四至六畫

七至十畫

十一至十二畫

十三畫以上

其他